U0942489

給＿＿＿＿＿＿＿＿

你的屬靈友伴＿＿＿＿＿＿＿＿

真　善　美　叢　書

婚姻靈旅

給愛主夫婦同心操練的十項挑戰

保羅・史蒂文斯 著
胡玉藩、伍美詩 譯

▼

真善美叢書

婚姻靈旅

給愛主夫婦同心操練的十項挑戰

Marriage Spirituality

Ten Disciplines for Couples Who Love God

作者
保羅．史蒂文斯 Paul Stevens

翻譯
胡玉藩、伍美詩

責任編輯
何敏璇

裝幀設計
郭曉勤

■

出版／發行
基道出版社
香港沙田火炭坳背灣街 26 號富騰工業中心 1011 室
LOGOS PUBLISHERS
Unit 1011, Fo Tan Ind. Centre, 26 Au Pui Wan St., Shatin, Hong Kong
電話：(852) 2687-0331　傳真：(852) 2687-0281
網址：http://www.logos.com.hk

承印
陽光印刷製本廠

●

版權所有．請勿翻印
© 2002 基道文字事工有限公司
4/2002 初版　11/2002 二版　11/2004 三版
Cat. No. LP746-3B
ISBN-10: 962-457-204-6
ISBN-13: 978-962-457-204-9
Originally published by InterVarsity Press as
Marriage Spirituality by Paul Stevens.
© 1989 by Paul Stevens
Translated and printed by permission of InterVarsity Press,
P.O. Box 1400, Downers Grove, IL 60515, U.S.A.
Chinese Edition © 2002 by Logos Ministries Limited

ALL RIGHTS RESERVED
Printed in Hong Kong

刷次	10	9	8	7	6	5	4			
年份	2026	2025	2024	2023	2022	2021	2020	2019	2018	2017

獻給姬爾

我的屬靈友伴

致謝

感謝以下替我審閱稿件和幫助我修飾此書的每一位：

郝羅寶泰（Roberta Hestenes）、格里肖伯（Gerry Schoberg）、托尼及卡倫布拉德福特（Tony and Karen Bradford）、本書編輯邁克爾莫德林（Michael Maudlin）和在教會裏修讀我的「建立牢固婚姻」課程的每位同學。

從丈夫的眼睛看婚姻靈旅

終身大事

當一對新人進入教堂，在神和人的面前彼此立下終身的盟誓，我肯定他們是不會有離婚的念頭。不過，在過去十年，離婚率愈來愈高，甚至基督徒的婚姻也不一定有保障。按美國最近的調查，讓我們驚訝的是基督徒的離婚率居然比非信徒的高出百分之三。這不得不讓我們正視這問題。

婚姻是神所訂定的第一個禮儀，耶和華說：「那人獨居不好，我要為他造一個配偶幫助他。」(創二18)當然，在這禮儀的背後是神應許他們要生養眾多(創一28)。同時，神對婚姻的看重是要求「二人成為一體」，所強調的是「二人」。所以，在早期教會對監督和執事的要求都是「一個婦人的丈夫」(提前三2、12)。另一方面，現今教會對婚姻已經很謹慎，似乎每一堂會、加上很多基督教的服務機構都提供「婚前輔導」，按理應已加強婚姻的穩健性。可是卻事與願違。現代的婚姻到底出現了甚麼問題？

當我們走進任何一家書店，都會看到很多有關「婚姻」的書。我會問自己，有沒有需要再多出版一本《婚姻靈旅》？我就是帶著這種心情看這本書。感謝神，祂藉這本書幫助我對婚姻有更深一層的認識，以下有三個原因讓我願意推薦這本書。

1. 作者是「夫妻」，也是屬靈密友：很多有關婚姻的書都以作者的名氣和學位作為賣點。不過，我覺得本書作者卻以三十年的婚姻作為最大的本錢。他們以過來人的經驗，坦誠的分享他們婚姻的歷程。回想我們結婚也二十三年了，感恩的是我們沒有太多的掙扎、吵架和試探。不過，我看重的不是掙扎、吵架和試探的多與少，乃是如本書所強調「屬靈友誼」的關係在我們夫妻中可以實行。我們可以坦誠的分享、每星期總有一次的「拍拖」、維持童真的溝通等，成為我們關係更新的途徑。最近，每天晚上一家人同心禱告和背誦聖經，讓我們一家人的關係更為密切。

2. 題目是「老生常談」，卻有屬靈的深度：從「禱告」開始至「互相順服」，中間夾著「對話」、「安息日」、「退修」、「閱讀」、「事奉」、「禁欲」、「服從」、「懺悔」。這都算不上是很特別的題目。可是每一章的內容都有它的特別之處。例如在第九章提到聖餐與夫婦彼此認罪的關係。作者提到聖餐處理經常困擾婚姻的三種罪：法利賽主義、佔有欲和渴想權力。雖然，我們沒有嘗試在家中擘餅，可是傳統的男女角色，甚至傳統教會所教導的「男性主義」，似乎把神對男女平等的觀念都一筆勾銷。我個人也曾在這方面有掙扎。記得有一次我感受到妻子愈來愈受人重視，一份妒忌的心油然而生。感謝神，在一天的晚上，神讓我坦誠的向她認罪，讓我們的感情能更進一步。

3. 表面看是另一本「婚姻書」，卻有屬靈的指引：正如本書開始的時候提到「本書對那些在婚姻中認真看待基督徒操練的人來說，是非常有用的材料。」所以，除了作者的教導與分享之外，每一章的結束都有「付諸實行」的環節，作者提出一些很值得夫妻一同討論的問題，藉坦誠的分享，訂出一些實際行動來共同遵守和彼此提醒。我很喜歡這個環節，不過參與者必須認真才能得到真正的幫助。我與妻子在婚姻中最寶貴的是彼此能坦誠的溝通。

結論：這可以說是另一本有關「婚姻」的書，卻能幫助我們進入更美滿的婚姻生活。這本書不能解決一切問題，卻能幫助每個家庭自己去解決問題。

何志滌

中國基督教播道會同福堂主任牧師

從妻子的眼睛看婚姻靈旅

不離不棄

依然記得在婚禮的祭壇前，牧師給我們夫婦倆的那段經文：「……因為離了我，你們就不能作甚麼。」(約十五5) 依然是那麼鏗鏘有力。

快到二十三年的婚姻生活，一同在神學院念書，一同赴台北當宣教士，攀山涉水似的又回到香港。他專注牧會，我則專心搞文字工作。由交匯到各自發展，直到今日，我開始了「家庭基建」的服事，他仍是那個不離不棄的最大支持。

這個早上，我因為要出門公幹，把新辦公室的鑰匙交給他，依然是那個篤定安然的笑容：「我會幫你好好整修一下。」謝謝啊！每一趟我有甚麼需求的時候，他總是那麼欣然的回應。只有那次例外，就是我仍在作夢想當一個文字工作者的時候，與他一同參加差會的營會。在那個文字事工分享的講座完畢，是他，一把將空有渴望卻遲遲不敢踏出一步的我推向前，著緊的說：「快去跟那個主編聊聊，那可以是你生命中惟一的機會，去吧！」這麼一推，把我的靦腆與缺乏經驗拋諸腦後；也是這麼一推，把我推進夢寐以求的文字工場。

我常稱這些為一些婚姻中的屬靈時刻，就是當一個人跳出自我的界限，投入並幫助對方拓展她的境界。在這麼多年的婚姻生活中，這些時刻總是數之不盡。最近的一趟，便是在我離開服事了十多年的機構，他拍拍心胸跟我說：「出來自己搞吧，上帝會為你開路的！我們禱告交托好了。」我深相信，夫婦倆同心(甚至含淚)的禱告，主必傾聽。

當然，婚姻生活也不盡是這麼轟轟烈烈的，也瀰漫著許多柴米油鹽的時刻。不過日子有功，多年的磨練，已學會了一套逛超市的默契，他買他的「正食」(指油鹽類的家庭必需品)，我則以「副食」(或新食，即古怪新奇的零食)為主，買了回家，女兒跟菲傭皆大歡喜。然我最鍾愛的，是倆口子從電影院看罷某齣令人心靈提升的電影，邊走邊討論箇中餘韻的情趣片段，說說哪一個鏡頭令人想起人性的幽暗？這一段又跟聖經的描述有何相近(或迴異)之處等等。這些時間看似屬地的，卻是加深彼此心意的屬靈契合。

「離了我，你們就不能作甚麼。」這句經文更真實的應用原來是，在配偶身上發現了基督捨己、不離不棄的大愛。這句話不但叫我牢記於心，也親身感受了。

只是，二人的生命藉婚姻聯合後，仍有一段漫長的路要走。婚姻的靈程，也需要繼續一起去走，但以繁忙的香港信徒夫婦而言，怎樣才是一個起步點？市面討論夫妻溝通的書多不勝數，但以培育夫婦靈性為本的卻不多見。從基道出版社何敏璇姐妹電郵過來的《婚姻靈旅》一書的打稿，細閱之下，發覺頗能填補箇中的空隙。我尤其同意夫妻為「屬靈朋友」的觀點，在配偶面前坦言承認在靈裏的不信懷疑以至最深的軟弱，彼此愈來愈透明，也愈來愈明白上主契合二人的心意。這不是好得無比嗎？那篇改編過的婚姻十誡，更是應該貼在睡房裏作彼此的告誡，〈安息日〉那一章更是繁忙生活中的一記棒喝。

說了那麼多，我還是回到現實。夫婦沒有可能每天都讀這書，因為每天要應付的事情多的是。但教會開辦一些夫婦或家庭退修會的時候，這書可以作為一個藍本。又或者，倆人一起騰出一天，拿其中的一章去實習討論亦可。倘若你倆的意志剛強無比，便可以一兩個星期共讀一章。

不拘你用甚麼方式閱讀此書，重要的是有一個彼此願意在上帝面前更新的心。這樣讀，才會更恩愛，也更愛上帝。祝你們有一個蒙福豐盛的婚姻靈旅！

何羅乃萱
家庭基建發展總監

孩子看父母的婚姻靈旅

我眼中的父母

我眼中的父母是非常恩愛的，從來沒有見過他們吵架。他們和藹可親、平易近人，對我的照顧更是無微不至。

當我生病時，照顧我；

當我傷心時，安慰我；

當我有困難時，幫助我。

而且，每晚的同心禱告讓我更體會到神的能力和同在。

何凝

前言

我為了這期待已久、有關婚姻中靈程的書的面世感到歡喜快樂。在我跟丈夫約翰新婚的時候，我們曾尋找可以幫助我們讓基督成為生命核心的材料，然而卻找不著任何有助夫婦成長的出版物。在三十年的婚姻中，我們鮮有聽到任何講道或讀到任何材料，坦誠地討論基督徒夫婦在學習一起禱告、作為屬靈密友一起生活所面對的問題和挑戰；這一直叫我感到驚訝。在一切有關改善溝通技巧、處理衝突、面對中年危機，甚至是婚姻中的性生活的書籍中，通常都只有簡單的建議，談及基督徒夫婦在共同生命中的屬靈層面。

我一直以為只有我們是摸索前行的，但現在我發現若非大部分，也有許多基督徒夫婦在他們的屬靈生命和婚姻兩者的關係中，曾經歷疑惑和迷茫。在許多婚姻中，這都成為沮喪或衝突的來源。這問題雖然鮮被談及，但在健康的基督徒婚姻中卻是舉足輕重的。

作為基督徒而且又結了婚是甚麼意思？丈夫和妻子真的能夠成為靈裏密友嗎？有沒有甚麼屬靈操練，有助婚姻以基督為核心？應該在甚麼情況下反省和行動？

多年以來，我們經常面對一個試探，就是把基督教活動視為我們基督徒身分和委身的核心。參與教會活動和其他形式的基督教學習和服務是重要的，但這些都不能取代我們以基督徒夫婦的身分，去愛和敬拜上帝的需要。

保羅・史蒂文斯在這生命中最重要的層面上，給予我們切實的幫助。他與姬爾活出本書的內容。他們美妙地委身基督，也在基督裏委身於對方。他們的誠實和細密心思讓他們成為多人的幫助。本書不能回答所有問題；沒有書可以。本書對那些在婚姻中認真看待基督徒操練的人來說，是非常有用的材料。我向你推薦此書。願你在婚姻靈旅中充滿喜樂！

郝羅寶泰 (Roberta Hestenes)

賓夕法尼亞洲聖大衛士東部學院院長

(President of Eastern College, St. Davids, Pennsylvania)

目錄

啟航

當我開始著筆寫屬靈友誼之際，妻子姬爾枕首在我的大腿上，沉沉睡著。我回想起與姬爾在婚姻上建立的友誼，在屬靈上因互相了解而得的挑戰和收穫。我們身處一艘希臘遊船的上層甲板，以逐島暢遊來慶祝我倆結婚二十五周年紀念。我把筆記本擱在右腿上，要伸出右手繞過妻子的頭來書寫，又不致打擾她睡覺，似乎非常困難。

婚姻就是這樣——在重要的事情上有著不間斷的阻撓。婚姻可以成為屬靈生命的大災難。許多人均認為在結婚前，大家尚算主內的好朋友。「我只要跟上帝親近一點兒，」一位朋友說：「婚姻就總會出現一些問題。」另一人投訴說：「我剛歡天喜地的從祈禱會中回來，她竟然告訴我廁所給塞住了。」一名疲倦的主婦嘆息說：「我剛有點睡意，仍在想著上帝的美善，他伸出手來碰我，我便曉得這是甚麼一回事。」

結婚即等於我們的私隱遭侵佔了，並以頗具危險的親密程度與另一個罪人生活，被某一聲稱愛你，卻經常不懂其法的人干擾。然而，結婚也可以是兩人在每一天、所有日子一起慶祝的聖禮，透過彼此分享生活的一切，即使我倆並非身處在一起。這確實是冒險的事業，當中卻充滿著喜樂。

坊間有許多關於靈程學的著作，討論婚姻的書籍也有不少。本書卻將兩者結合，因為婚姻本身是通往上帝的獨特之路。不幸地，論到默想生活的作者，總愛將所有人描擬為僧侶一般，尋索單身的路，遠離塵世，享受他們與上帝所謂的「屬靈婚姻」。然而，我們卻取不同的路徑。**透過**婚姻我們可以更接近上帝嗎？這正是本書要探討的課題。

「你願意成為我的屬靈知己嗎？」我誠惶誠恐的問姬爾。選擇一個完全陌生的人作屬靈知己，或許較為容易。在偏遠怡人的酒店舉行基督徒營會，人人都能就敏感的話題盡情傾訴，因為當營會結束後，他們永不會再碰面。找一個朋友為屬靈知己也較容易，因為朋友在不同程度上認識我們，要欺瞞並不容易。然而，倘若他們壓逼太甚，我們可以選擇斷絕來往。選擇妻子作為屬靈知己，則表示我們不可溜之大吉，她亦較我更了解自己。真是駭人！

「我並不十分屬靈。」姬爾鄭重的說。我回答：「我也是。」然而，我倆大抵認為只要我們同樣渴望上帝，並渴想與祂有更深入的關係，這已經足夠。**我們**在屬靈上已足夠有餘了。

路障

然而，即使我們願意在婚姻中加入這個向度，我倆的屬靈友誼仍存著一定的障礙。

首先，婚姻有**太多議程**：應付之賬單和要商量的賬項、兒女跌傷了需要纏裹的傷口、車子損壞了需要復修、有待計劃的假期和要丟棄的垃圾。我們怎麼還有時間和力氣一同禱告？

其次，已婚的夫婦難免受**過度熟悉**之苦。小組查經班的朋友或許因我嶄新的屬靈洞見而有所啟發。然而，太太卻知道我剃鬍子的掃子仍留在臉盆之中，內衣則擱在地上。倘若她對我那麼一清二楚，則我的分享於她聽來，會否令她覺得很奇怪？

第三，我們關係中曾有著**互相得罪和饒恕的前科**。聖經毫不驚奇地宣稱，罪首見於兩性關係之中。沒有人能較你的配偶，可以給我們更深的傷害。所以，丈夫和妻子每天的禮儀應該是：「我得罪了你，對不起，請你原諒我。」——這些卻是我們感到難以啟齒的話。同處一室的罪人怎能成為屬靈知己？

第四，大部分夫婦背後都潛藏著一些**未解決的問題**，要脅著兩人的關係。兩個看來完全不同，卻又非常相似的人活在一起，難免會產生一點磨擦。他胡亂揮霍；她對性事沒甚興趣；兒女偏幫父親／母親；一天過後已再沒有傾談的餘力了。問題的爐火不斷燃燒，誘惑人要等待一切問題得到解決，才一起開始內心的屬靈旅程。

第五，我們都**害怕親密**。夫婦間在捉迷藏，杜尼耶(Paul Tournier)說：「因為他們害怕對話，話題愈是真實，愈容易揭開敏感的傷口，叫傷口更加痛楚，因為它們是由最親密的伴侶揭示出來的。」[1]譬如說，倘若我在配偶面前，為受傷的情感向上帝禱告，我知道這較日常對話要來得更加真實，因為在日常對話中，我有能力說服人、影響人和控制聲線；把自己的情感合理化，將之投射予他人。倘若我在搜索人心的主面前裝模作樣，無疑陷自己於萬劫不復的偽善之中。

第六，婚姻是一**複雜的結構**。無論你支持傳統式的「丈夫超越妻子」階級觀念，還是現代互相順從的夥伴模式，基督徒在婚姻中必須分辨丈夫和妻子的角色——這是為了上帝的緣故，也為了自己。[2]在生命中我們繼續從受障礙的伊甸園走進牧歌中的耶路撒冷，卻在旅途中面對詛咒的影響。(創三16～19)每個家庭都是一個政治舞台：丈夫管治，妻子反叛，孩子被夾在其中；有時候情況剛好相反。假如丈夫以為自己是妻子的屬靈領導，又或妻子誤解了順服的意思，要求丈夫擔任家中屬靈領袖的角色，問題就特別嚴重。權力的階級觀念如沒有加上屬靈的領導，是難以實行的。幸而正如我們將會探討的，屬靈的友誼與極權沒有任何關係。

◎世俗的靈性

每個建立屬靈婚姻的障礙，都實在地說明了我們必須選擇自己的配偶，成為自己的屬靈知己。

婚姻的確含有**太多議程**，然而這正表示我們的靈性必須完全像耶穌所期望的一樣，是全人生命的問題。祂說，你的眼睛若瞭亮，全身就光明，生命也就是為上帝而活的(路十一34～36)。愈多議程會愈好，能讓我們避免成為宗教主義。上帝希望我們的靈性，是包括在除草和清潔浴室時的，無論我們工作還是度假也與我們同在——在教會中更不用說了。

過度熟悉可以是想像而非真實的。人怎能完全了解自己的配偶？在一段成熟的婚姻，夫妻仍在互相認識。屬靈知己是指那些我們可以向他表達自己未經修飾的生命的人——就是配偶間最熟悉的生命。相熟能讓我們發展出真正的靈性，叫我們無法用陳腔濫調和諧趣幽默來隱藏它，而是向生命的深處探索。

屬靈友誼並不是生命中的中場休息過度，而是人生戲劇的一部分。這齣戲的演員是**罪人**，如同亞當和夏娃一樣，嘗試隱藏他們赤裸的事實。他們的罪和赤裸可以在伊甸園中顯示出來，然而上帝是法官，並非亞當或夏娃。上帝將他們用作自我保護的無花果樹葉挪去，換上「用皮子做的衣服」(創三21)。同樣地，上帝今天挪去我們自義的防衛，為我們披上寬恕的外衣，這寬恕乃是真正親密的基礎。沒有人比我們的配偶更能準確地、有幫助地和可愛地說出真相。

婚姻不是終身的蜜月時光，也不是一個可怕的旅程。屬靈友誼幫助我們致力於**未解決的問題**。我們縱然不能立即處理，至少可以憑信心持續仰望，如同未蒙垂聽的禱告或苦難的懸迷般。藉著信心，我們肯定結婚是恆久的，並拒絕將不懂解決的問題埋掉便算。屬靈友誼激發盼望和親密。

我們**害怕親密**，因為這或許帶來傷痛。然而，置雙方於一個安全、舒適的距離，箇中的孤獨或許會帶來更大的痛楚。正如盧雲（Henri Nouwen）謂，屬靈生命的進程是從抓緊孤獨感到滿足的獨處，從充滿敵意到懇切款待。[3]婚姻不只與我們朝向上帝之旅並行，而且是通往這段路重要的路徑之一。倘若我們不再要求配偶填補生命中的空缺，我們就能釋放地與空缺並存；而我們對空缺的敵意，將會轉化成迎接它們進入內心的恩賜，自由釋放地接納它們。滋長的親密替代了孤獨和敵意。

婚姻的確有一個**複雜的結構**。跟隨基督並不自動消除家庭中的政治，然而，它卻可以提供一個不同的背景。即使一個持傳統階級觀念的丈夫，倘若他待妻子如同基督待教會一般（弗五25），他也可以是一個「安全」的屬靈知己。倘若丈夫願意為妻子洗腳、愛她至死，妻子斷不需要害怕這樣的丈夫吧。

○一種實際的聖禮

與其在神聖的地方尋求上帝，我邀請你在家中尋求祂。婚姻本身是屬靈復興的源頭，因為它給予屬靈生命三份禮物：養分、醫治和成長。[4]復興運動企圖將復興帶進婚姻中，卻鮮能認識基督徒婚姻本身已經是復興的源頭。

生命的聖禮觀容讓我們經歷屬靈的恩典，正如在真實生活中的養分。我的毛衣即是一例。姬爾從繁忙的日程表中擠出時間，為我織了一件漂亮的紅色毛衣，這些時間原屬於需要她幫忙的朋友。然而，我意外地把毛衣遺留在會議中心之內。在我與那裏的人聯絡上後，我知悉那件毛衣已轉贈了給貧窮人。那個幸運兒根本就不曉得身穿的是一件聖禮。姬爾沒發怨言，隨即為我織了另一件完全一樣的毛衣。然而，這件毛衣上每一針每一線均傳遞著「我真的愛你」的信息。除了藉著我最接近和親愛的伴侶以外，上帝可有更直接的方法來顯示祂的愛嗎？藉著住宿、食物、心理和情感上的相互支持，在婚姻中我們每天領受從上帝而來的**養分**。

當憂慮和恐懼因著相互的接納和同行所驅散，我們得著**醫治**。當每天與人相處變得理所當然時，緊張的階段只意味著他們只不過是恩典的一個渠道。譬如說，當我上班當木匠的頭一天，我簡直緊張得要命。我未能跟上年輕的同事。我用鎚子砸著自己的拇指，在走過狹窄的地台時，又栽了在地上。然而，那天晚上當我回到家中，姬爾以一頓溫馨的晚餐、鼓勵的話語和聆聽的耳朵，給我無比的牧養。當我倆在沙發上互相依偎在對方的臂彎中，我因著被接納和同行之屬靈恩典而得到更新。舊約聖經的傳道者說：「若是孤身跌倒，沒有別人扶起他來」(傳四10)。上帝有用比這更直接的方法來牧養我嗎？當傳道者說：「有三股合成的繩子不容易折斷」(傳四12)時，他是指著在婚約中，上帝在聖禮的臨在而言。

成長源於調校你的生活而有的規律，與跟你無從隱瞞的一位互相配合。因我曉得姬爾給我的愛是毫無條件的，我可以相信她嚴厲的話，知道這種對峙並非拒絕，而是成長的機會。她深知我難於放棄機會，或把事奉職事拱手讓人，有時候會得到我表面上的支持，但私下我卻有所保留。她說：「我認為你給同儕的信息，有自相矛盾之嫌。一方面，你感到受傷害，因為未能親自處理；另一方面，你又表示願意由別人來承擔。我不知道應該怎樣鼓勵你才好。」當姬爾以此來質問我時，她正正在給我成長的機會。這是上帝幫助我成長的其中一種直接方法，透過一種非常世俗的處境，默想屬靈的恩典。

婚姻亦為基督徒性格鍛煉學校，既世俗又屬靈，這是尋找上帝的地方。勞惠廉(William Law)，一位在十八世紀的作家觀察道：「所有福音書卷中沒有要求我們要有公開崇拜……但差不多在每節經文中，都找到管理我們日常生活的教導或守則。」[5]我們在婚姻中許下的誓言都是真實的：或順或逆、富足或貧窮、患病或健康，至死不渝。

當婚姻是人性的、世俗的、肉體的、脆弱的、痛苦的、有困難的，或只是平淡一生，上帝也特別的同在。上帝也在狂歡的喜樂或深入同行的時刻同在——深入或聖化這些時刻。性行為是夫妻共同生活中最世俗的一個部分，多洛雷斯萊基(Dolores Leckey)卻認為這是真正具聖禮意味的職事。「在聖餐禮中，我們分嘗了餅和杯，這是屬靈餵養的行動。在婚姻中，性行為是基本(縱然不是獨一)的聖禮儀式。這亦是繼二人公開宣誓以後，互相牧養職事的延伸和滿足。」[6]所有結合的基督徒，都是上帝膏立了具祭司職份的配偶。

婚姻靈旅

婚姻靈旅不過為藉著基督，與上帝發展關係，並在我們的生命中回應祂的恩典。[7]方法並不是屬靈成就，即人可以通往上帝的路徑。相反，方法可以消除了我們與天父之間的障礙。

在本書中，我建議了十個打破城牆的方法。或許，沒有一對夫婦需要全數用上，可是，除非夫婦曉得這些方法值得嘗試，否則沒有人用得上。所有的方法都需要付上努力：禱告；有指引的對談，作為增進屬靈友誼的方法；守安息日——敬拜和遊玩的操練；在退修中一起面對孤單感；閱讀，一起聆聽上帝的話；事奉，在服事中實踐互相配搭；禁欲——新約聖經惟一提及在婚姻中的紀律；服從——一同遵行上帝的旨意；懺悔，清洗的方法；互相順服，讓婚姻成為每天禱告的方法。

婚姻律則需要世俗的委身，諸如「讓星期二晚上八時至九時正，成為我們屬靈對話的時間，那時候兒女已經睡覺了。」要是屬靈的友伴並非我的配偶，差不多沒有任何東西可以干擾這些時間。然而，當一對夫婦要開展這段屬靈對話時，他們就要拔走電話插座、安排託兒，甚至共同作出可接納的協議。然而，當付出這些努力後，夫婦二人便會發現，上帝尋找他們，遠超乎他們尋找上帝的程度。

怎樣善用本書

1. 你可以本書作為期十星期的夫婦靈修材料。每星期花上一小時，將這時間寫在日誌上。每次讀一章，並加以討論。每一章的結語部分均附設一個小練習，或是聖經研究部分，內容取材自聖經中的夫婦，他們的經歷好說明該章所述的原則。夫婦可以讀完該段落，使用所提供的問題作為討論和默想之用。

2. 本書可以作為婚姻進深小組的研讀手冊之用。兩或三對夫婦在約定時期內(十星期)，每周會面一次，使用本書作指引。當你邀請朋友時，清楚表明小組可能會出現的實況。有些人對於參加這類小組感到被威脅，因為他們害怕個人的婚姻生活將要曝光。你需要誠實地肯定，沒有人需要被逼分享一些他們不願意表達的東西，或在未得到配偶的同意下分享出來。
3. 在教會中的主日學或宗教教育成人選修班，可以選擇本書作為婚姻屬靈之旅的課本。
4. 夫婦的周末退修可以使用本書，作為豐富婚姻屬靈友誼的手冊。
5. 一系列按照聖經講道的講章，可以引用本書的材料。

甚麼情況下*不應*使用本書

有時候，配偶其中一方讀到一本有關婚姻的新書，感到異常興奮，然後將一己的期望，強加於在沒有懷疑、毫無準備和不太願意情況下的配偶身上。高漲熱情迅速遭對方澆冷水，受挫的一方帶著受壓抑的忿怒。而那位「欠屬靈」的配偶大概認為自己不需要讀這書，最後惟願這本書根本不曾出現過。倘若，只有配偶一方讀這書，它的好處只在他／她身上發生效用而已。這本書是夫婦間的讀物，而不是夫婦間的武器！

當我們將要探索婚姻靈旅的動力之際，我為著摩頓蓋爾斯（Morton Kelsey）就婚姻誓約的現實和期盼所說過的感到鼓舞。這位屬靈生命的作者說：「將近四十年，我和妻子巴巴拉曾經走在個別的路途上。我們有不同的需要和習慣。好些年來，我們尋見了一條路徑，可以讓兩個非常不同的人，共同分享的。」[8] 人生至此，夫復何求。

註釋：

1 Paul Tournier, *To Understand Each Other* (Atlanta: John Knox Press, 1968), p. 20.

2 在*Married For Good* (Downers Grove, Ill.: InterVarsity Press, 1986)一書中，我提出一個「領導」的模式，肯定了丈夫的優越地位，但卻削弱了這領導的管治含意。

3 Henri Nouwen, *Reaching Out: The Three Movements of the Spiritual Life* (Garden City, N.Y.:Doubleday, 1975), p. 72.

4 這三重向度在Kenneth Leech的著作*Soul Friend: The Practice of Christian Spirituality* (San Francisco: Harper and Row, 1977) 頁123中列出來。

5 William Law, *A Serious Call to a Devout and Holy Life* (London: Epworth Press, 1961; first published, 1728), p. 8.

6 Dolores Leckey, *The Ordinary Way: A Family Spirituality* (New York: Crossroads, 1982), p. 17.

7 我對靈修的定義是：刻意地透過基督與上帝建立關係，作為回應祂在我們完全的生命中所施予的恩典。定義中的每一個字都指向婚姻靈旅的必須：刻意（明確地、重複地和持續地決定活在上帝的方向中）、建立（這是要經歷多年的過程）、關係（其核心意義就是藉著在基督裏的新約永屬上帝）、回應（上帝在我們的婚姻中尋找我們，多於我們尋找祂）、恩典（靈程並非人的靈在尋找上帝時如鷹般向上，而是上帝的靈像鴿子般滿有恩典地臨到我們現實生活中）、完全（靈程涵蓋在社會中的事業、關係、工作、家庭、餘暇、社羣和公義）、生命（因為上帝的目的並非使我們宗教化，而是讓我們在肉身存在中，全然為了祂的榮耀而活〔弗一6、12、14〕）。

8 Morton T. Kelsey, *Companions on the Inner Way* (New York: Crossroads, 1985), p. xii.

第一章 禱告

分享一種特別的親密

德懷特赫維斯莫爾(Dwight Hervey Small)提到一則年輕夫婦的故事，他們決定以床邊禱告來開始其婚姻生活，這毋疑是一件好事。然而，這年輕男子禱告說：「我們將要面對的，求主讓我們感到真的值得感恩。」不難想像，從那刻開始，夫婦一起禱告愈發困難了。

夫婦同心禱告有兩種困難——其一是**有**禱告，其二是**沒有**禱告。禱告應如同呼吸般自然，然而夫婦一起禱告通常頗困難。事實上，大部分夫婦發現結婚後一起禱告比婚前禱告更形困難，有些人更說，結婚以後彷彿意味著禱告生活的結束。倘若你也是感到難以禱告，我可以肯定說，你們絕對不孤單。

倘若你有禱告

我們知道有一定的理由，解釋為何當夫婦經常或定期一同禱告之際，就會遇到困難。

禱告是個人的解除武裝。這是誠實的行動。在婚姻中尤其感到受威脅，因為這關係是整全的。吉恩(Gene)和朱迪思泰特奧布賴恩(Judith Tate O'Brien)在《夫婦共禱》(*Couples Praying*)一書中(這是我僅見的一部有關夫婦禱告的書)說：「婚姻其中一項還未解決的事情，就是我們被發現了！我們的配偶親身發現，我們並不完美。我們在清晨的口氣叫人窒息。我們喜怒無常；斤斤計較；我們胸部平坦，不修邊幅。」[1]在退修會中與萍水相逢的人小聚，我可以很坦白。然而，在上帝並配偶面前完全坦然，則是一項冒險的事情。我可以表達盼望和恐懼、隱密的喜樂、傷痛的回憶和一度討厭地叫我迷醉的罪嗎？難怪許多夫婦安於僅僅令人滿意的婚姻而已。自我暴露的代價實在太高了。

夫婦禱告是關係的展露。我們關係的真實狀況將被揭示。奧布賴恩夫婦引述一對誠實的夫婦，他們正掙扎於赤裸裸在上帝面前而不感到羞恥的含義。「我惟一感到難與大衛一起禱告，就是當我不滿意自己，或大家關係變得緊張時。我討厭在那時候禱告，因為我知道我那時必須誠實，然後我會變得容易受傷，大有可能需要作出某些改變。然而，我倆最終還是會禱告，因為無論怎樣，我不喜歡不禱告。」[2]

在屬靈友誼的其他向度，禱告假設了平等、互相依賴，並為一個不同的人謝恩。當婚姻的領導被理解為規則、控制或權力，或當妻子的順服成了依從，夫婦之間的禱告就會大受阻礙。丈夫可以藉著禱告向妻子訓話，反之亦然。妻子也可以透過批評丈夫的禱告，蠶食丈夫既定的優越性。

以上所見夫婦二人禱告的**結果**，一起禱告並不是達致美滿婚姻的**途徑**。或許，這正是彼得所謂，受阻礙的禱告根源於貧乏的夫妻關係的意思（彼前三7）。當丈夫沒有「按情理」（英王欽定本作「知識」）與妻子同住，或妻子沒有全心尊重丈夫，夫婦之間的禱告便會受到阻礙。聖經描述了這弊病，經驗亦可以證實此點。

禱告顯示我們的親密程度。婦女有時候害怕禱告，因為她們所需要的親密，需要被珍視、看重和具備安全感。相反來說，即是說毋須害怕遭拒絕、毋須害怕失敗，也毋須害怕被出賣。倘若欠缺這些基本的環境，替而代之的是苦澀、忽略和懷疑，她便不願意表白自己。

當男士們感到不被愛護、遭誤解和不受尊重時，他們便害怕親密。此外，亦有許多男人害怕面對自己深入的情感，惟恐自己不能以男性化的方法處理。他們或因妻子在某些重要地方上未能予以滿足，因而有潛在的苦澀；或苦苦掙扎於罪咎感之中，特別是向妻子有隱藏未認的罪。不難想像，夫婦二人往往將其親密的需要，轉投予家庭以外，相同性別的禱告小組身上，這越發使致力於婚姻親密需要的意願，大大減低。

當我在沒有配偶相陪的情況下單獨禱告，我可以延遲處理共同生活中帶來的一些真正磨擦。有時候，我甚至企圖以禱告使我的自義合法化。或另一方面，藉著自我否定：「是我經常犯錯的」，以私禱來合理化自己。這不合聖經真理的自責，其實是驕傲外衣的反面。它讓**我**成為中心。然而，當我在配偶面前溜出自義或自虐的說話，我即時繳械投降。這是我經常渴望能避免發生的情況。

禱告是屬靈的爭戰。屬靈問題可以有不同根源：身體原故(疾病、疲倦、營養失調)；心理因素、墮落的人性和撒但直接的攻擊。查理勞雷斯(Richard Lovelace)解釋了人的複雜狀況，如何影響我們不禱告：

> 人類罪性結構的複雜程度，遠超個別行動和一般字面所賦予的故意不順服思想。根據聖經的定義，罪並非局限於個別事件或過犯的模式；它與心理學術語**情結**較為近似：一個有機的網絡系統，包括強制的態度、信念和行為，深深地根植於我們與上帝的疏離。[3]

保羅以**肉體**一詞，來形容人類性格中，這個非身體的向度；它攔阻我們尋找上帝，並天國的公義。我們知道甚麼是善，然而卻不能行善。勞雷斯稱之為強制性的不信：就是「我們對於上帝、自己、祂與墮落世界的關係，並祂救贖的意圖，一切自主的黑暗意識。」[4]

世界、肉體和魔鬼，統統設法使我們的婚姻欠缺禱告。無怪乎禱告並不容易。倘若，當它們成功地使我們沒有禱告，我們便要面對另外的難題了。

倘若你沒有禱告

貝絲和卜爾在他們相遇的教會——斯柏森中心浸信會(Spuzzim Center Baptist)結婚已經有十二年。[5]卜爾在建築公司有一份不俗的職業，而貝絲則在本地醫院中任護士。他們二人同是主日學老師，經常出席教會聚會。鄰居認為他們是「教友」，也是兩位學前幼兒的好父母，是一對快樂的夫婦。然而，一個新的因素已經進入他倆婚姻的動力中。

貝絲獲邀請參加住在附近的蓮達家中舉行的查經小組。雖然貝絲因工作關係，未能定期出席查經小組，她已經在這每逢周三早上舉行、有大約十數位婦女參與的聚會中，與基督有了更深入的經歷，是她和卜爾之教會生活都不能比擬的。這羣婦女真箇為了她們的家庭、兒女和丈夫懇切禱告。她真願意與卜爾可以有這般的禱告。

倘若夫婦一方希望有二人的禱告，而另一方卻不願意，這必然在期望上產生衝突。願意禱告的一方會使用上百種細微的提示，向另一方施以壓力和控制。與其他夫婦作比較，更會為雙方製造嫌隙。得聞湯姆和蓮達每清早在兒女睡醒前，為家庭禱告有三十分鐘之久，這可能讓貝絲萌生一種屬靈的神往，卻同時叫卜爾感到渾身不自在。倘若這問題經常被提出來，或用作婚姻的武器，則可能逐漸成為一種忌諱。夫婦禱告是何等美妙的資源，若成了雙方的爭拗，則真的十分邪惡。「這必然是仇敵的作為。」

解決之道不在於嚇唬不願禱告的一方。彼得在向作妻子的勸導中，心裏想著她們未信的丈夫，然而基督徒夫婦也應該同樣敏感於對方的需要。彼得提出以「默默無言」來感化配偶(彼前三1)。信主的一方(在這情況下，是指鼓吹夫婦一起禱告的一方)應該以愛的沉靜、基本的尊重和具創意的順服來贏得配偶，並非靠賴傳講道理。在禱告中記念你的配偶，為他／她禱告，但不要困擾他／她！

沒有禱告的夫婦，他們損失了一個豐厚的資源。同心禱告具有神人協作的影響，正如兩種藥物一併服用，會產生雙倍的效果。如今，沒有人能鬱悶地，或歡愉地自我肯定婚姻的成功。同心禱告是減少產生嫌隙的方法之一，因為夫婦二人均在意於尋求第三股力量，使他們婚姻的聯繫更加堅固(傳四12)。

沒有禱告的夫婦錯過了一種親密的層次。第二世紀特土良(Tertullian)告訴我們，在基督裏一同生活的人是何等有福：

> 我們怎能徹底形容在教會舉行、得聖禮堅固、以祝福作印記、由天使作證、天父允許的婚姻，是何等的喜樂？兒女倘若沒得地上

> 父親的允許，也不能合理和合法地舉行婚禮。兩名基督徒結合，有同一個盼望、同一渴求、同一生命方向、同一宗教信仰，是何等美好的事情。他們作為同一主人的僕人，彼此成為弟兄姊妹。無論在肉體或靈魂上，都沒有東西可以把他們分隔開。他們確實是「二人成為一體」；既然是一個肉體，就必然只有一個靈魂。他們一同禱告、一同崇拜、一同禁食；互相教導、互相鼓勵、互相堅固。他們攜手共進上帝的教會、共赴上帝的筵席；他們並肩面對困難和逼迫，互相安慰……他們毋須隱藏十字架的印記，毋須怯於祝福兄弟，或不敢祈求上帝的祝福。[6]

這真是熾熱的自白！我們仍得緊記，沒有夫婦可以在一日、一個星期或一年內，就能達到如斯境界。正如婚姻中其餘每個親密的層次，都需要時間才可以實踐。然而，這卻是值得的。

即或你願意與否

倘若一同禱告成為一個爭論點，或者因為你閱讀本書，令禱告即將成為一個爭論點，有三個重要的聖經原則，是需要留意的：

聖經強調要為你的配偶禱告，卻沒有提到要你與配偶一起禱告。我們或許假設，當信徒「恆心……彼此交接……祈禱」(徒二42)，這應該包括一同開聲的禱告。的而且確，在使徒行傳四章23至30節，我們看見一個會眾同心禱告的紀錄，是頗有深度和內容的，可能與禮儀式的禱告相似。可是，這種禱告在聖經中十分罕見，意思也不十分明顯。

較為清晰的是，聖經重複命令或邀請我們為其他信徒禱告。倘若配偶一方願意花時間為另一半禱告，他們便毋須過分擔心究竟能否真的**與**配偶一起禱告。這或有可能真箇「發生」，正如一日將盡，在眾多交換愛的表達形式之中，身體的擁抱有可能發生一樣。這種屬靈的契合，與身體的接觸無異，並非極待完成的舉動，乃是一段關係自然的結果。

保羅在以弗所書中，給了我們代禱的優良模式，是我們為配偶禱告時可以用得上的。首先，他禱告説，**願他們認識上帝更多**：「並且照明你們心中的眼睛」(一18)。

第二，保羅祈求**他們更多經歷上帝的愛**，叫他們明白「**基督的愛是何等長闊高深**」(三18)。你可以為配偶生命的不同向度而禱告，讓基督的愛藉著他／她，充滿其同事、親友、敵人，或你配偶所遭遇的某種黑暗權勢。

第三，他祈求他們「**知道這愛是過於人所能測度的**」(三19)。你的配偶經歷上帝的愛，較經歷你的愛來得重要。我們受造時候，是有一種被愛和愛的無盡需要，這需要惟有我們的創造主才可以滿足。單憑你不足以完全滿足配偶在這方面的需要，他／她也不能完全滿足你。

第四，**保羅祈求他們親身經歷與上帝的家庭之關係**。在以弗所書一章18節有句叫人感到驚訝的句子：「在聖徒中得的基業有何等豐盛的榮耀」。保羅特意的指出，上帝所有的基業就是祂的子民。我們是祂最寶貴的產業。上帝與祂的子民聯合，使每一位信徒都成為基督身體活生生的成員。沒有人可以成為單獨的基督徒，也沒有夫婦可以從基督的身體中分別出來。誰曾聽聞有一家只有兩人的教會？難怪基督的身體中總有缺欠的屬靈恩賜吧！任何脫離基督身體的夫婦，都不可以經驗教會生活的豐富：恩賜、崇拜、職事和使命，還有在基督裏的成長。我們應該為配偶與上帝子民有良好關係而禱告。

第五，**保羅祈求他們認識上帝的能力**，這與叫基督從死裏復活的能力無異(弗一19～20)。在以弗所書的背景中，藉禱告而得能力並非單適用於特別的事工——引起爭議的恩賜諸如說方言、醫治、行神蹟、翻方言、見異象。保羅強調的是抵禦世俗生活方式的能力（二11～22），抗衡氾濫於我們生活和文化的世俗力量（三8～10）。我們特別需要聖靈的充滿，在婚姻中彼此順服（五18、21）。

也許在以弗所書中最大的記號和神蹟，就是除去家庭中的政治。為你配偶的能力而禱告看來是一件絕對美好的事情，只要他所得的能力不要高於你。誤解平等而引致的專橫，是攔阻好些婚姻在屬靈上增長的原因。平等不等於相同。不願看見你的配偶以其特定的方法，在屬靈上比你進步，可視為邪惡的事情。我曾經聽一名婦人説，成熟的男人會因妻子的成就而歡喜。那時候，我覺得這句説話別人才用得著！然而，我隨即發現，這是向我説的。姬爾是家中首個參與區內福音查經班的人；這是她的首個成就。後來，她加入了內在醫治的事工。起初我表示支持，心裏仍有顧慮。或許，我有點嫉妒吧。然而，藉著我們雙方禱告之助和夫婦間的忍耐，我隨即因著她另一次的成就，重獲肯定和興奮。

所以，聖經對於**為**信徒禱告的強調，甚至超乎**與**信徒一同禱告。這不是説兩者互相排斥，倘若你真需要二擇其一，應以為配偶禱告作開始。你毋須經任何人同意就可進行。然而，無論你們是否一同禱告，還得接受一個聖經原則。

聖經教導我們，任何一種禱告都是重要的。禱告的形式則不過於一種選擇而已。詳盡的對話式禱告或許有助屬靈生命的建立，但聖經卻沒有提及。事實上，聖經較傾向於較短的禱告，這與多個世紀以來屬靈指引的方向，剛好相反。

> 你到上帝的殿要謹慎腳步；因為近前聽，勝過愚昧人獻祭，他們本不知道所作的是惡。你在上帝面前不可冒失開口，也不可心急發言；因為上帝在天上，你在地下，所以你的言語要寡少。（傳五1～2）

查理勞雷斯認為，當耶穌教導門徒「不可像外邦人，用許多重複話」(太六7) 的時候，心裏可能想起以上的經文。耶穌關心，「避免讓初信者或信心軟弱者的良心，加重負擔……應把注意力集中於聆聽與回應的上帝，而不是禱告的技巧。」[7] 一名清教徒說：「禱告寧可短小，但需持之以恆。」[8]吉恩和朱迪思奧布賴恩引用一對夫婦的話：「許多時候，我們的禱告看來是重複的居多。後來，我才發現原來是因我們生活都是重複之故。」[9] 或許，正如查理勞雷斯總結說：「即使是差勁的禱告，總較沒禱告好。」[10] 夫婦禱告也不例外。上帝關心你的禱告，多於你是否能作優美的禱告。無論是單獨或與別人一起禱告，只要是奉耶穌的名禱告，一定可以帶來若干改變的。

付諸實行

剛開始的時候，你和配偶可以嘗試每天晚上睡覺前，或早上以主禱文一同禱告（太六9～13）。更簡單的做法，就是協議一起默禱。你可以自然地説：「讓我們一起靜默，在今天晚上睡覺以先，一同禱告。」如果夫婦不習慣自發性的禱告，一本祈禱簿便成了有用的資源。因為好些時候，這些深入而具洞見的禱告，能引發你以自己的話，作出簡短的禱文。或許，你會感到可以用對話式的禱告開始。一同禱告最大的障礙，就是害怕遭竊聽。要在禱告中誠實，是需要踏出信心的一步；我們有一位這樣的上帝，我們又有甚麼損失呢？默禱，或作短句的禱告，或誦讀簡短的禱文。依你喜歡的方法禱告，因為學習禱告惟一的方法，就是要禱告。

在本章開始，我曾經提到一名年輕人在結婚那夜，與妻子一同感恩。在次經的《多比亞傳》（*Tobit*）中，我們發現多比亞和撒拉在相類似的環境中，有一個更佳的禱告。這禱文經常在婚禮中被誦讀，也是與配偶共禱的一個不錯的開始。

我們祖宗的天主，
你是應受讚美的！

你的名號是世世代代應受頌揚的。
諸天及你的一切造物，
都應讚頌你於無窮之世。
是你造了亞當，
是你造了夏娃作他的妻子，
作他的輔助和依靠，
好從他們二人傳生人類。
你曾說過：一人獨處不好，
我要給他造個相稱的助手。
上主，現在我娶我這個妹妹，
並不是由於情欲，
而是出自純正的意向。
求你憐憫我和她，
賜我們白頭偕老！

——《多比亞傳》8：5～8[11]

註釋：

1 Gene O'Brien and Judith Tate O'Brien, *Couples Praying: A Special Intimacy* (New York: Paulist Press, 1986), p. 93.

2 同上書，頁13。

3 Richard F. Lovelace, *Dynamics of Spiritual Life* (Downers Grove, Ill.: InterVarsity Press, 1979), p. 88.

4 同上書，頁90。

5 正如本書中大部分的個人例子(取自我婚姻中的除外)都是眾人的縮影，是虛擬的。然而，有些個人的例子，卻按當事人的意願，一字不移般照錄如儀，只是換上別的名字。

6 Tertullian, "Ad Uxorem," 轉引自 Kenneth Stevenson, *Nuptial Blessing: A Study in Christian Marriage Rites* (New York: Oxford University Press, 1983), p. 17。

7 Lovelace, *Dynamics of Spiritual Life*, p. 159.

8 引上書，頁160。

9 O'Brien, *Couples Praying,* p. 14.

10 Lovelace, *Dynamics of Spiritual Life,* p. 155.

11 Jack Dominian為撒拉曾經有五段婚姻作出一個大膽的推測，認為是由於她未能完成洞房之故，按現代輔導的理解，即對性行為產生恐懼。倘若這是真實的話，在多比亞禱文中流露的敏銳和溫柔，正好解釋了撒拉之所以克服困難，容許自己與多比亞成功洞房。參Jack Dominian, *Marriage, Faith and Love* (London: Dalton, Longman and Todd, 1981), pp. 239～240。

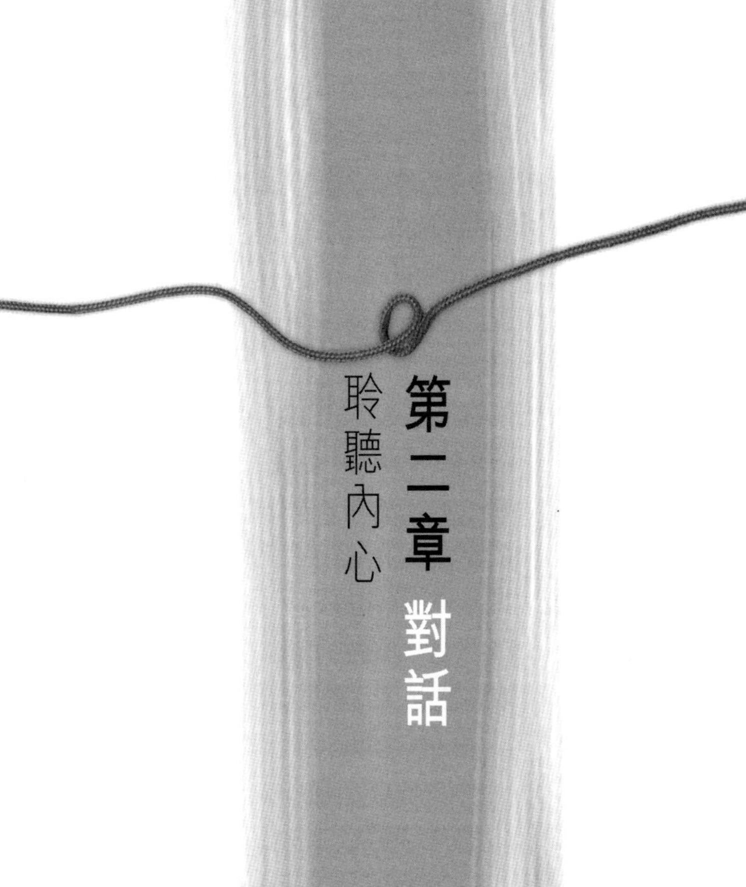

第二章 對話

聆聽內心

我們坐在長沙發上，嘗試在屬靈友誼上有進深的發展。我捲著身子臥在姬爾身旁，腳尖輕輕放在她處，沒有說一句話，當我倆一起探索一件許久沒有談及的事情時(也許從來未曾說過)，我感覺有需要與她維持身體的接觸。我們準備集中討論，如何讓彼此在屬靈上有更深的認識。

要成為屬靈友伴，你必須有所部署。我們需要事先計劃，切斷電話，或安排保姆照顧嬰兒，好騰出時間和空間開墾婚姻的園地。我們又發現從日常環境中抽離出來是十分奏效的；如花一個周末去退修，或單單離開住所。

一般來說，夫婦之間的屬靈關係與屬靈生活無異，需要一系列的新開始。大部分夫婦對於進深彼此之間的親密，總有一種可理解的矛盾心理。他們皆既愛且怕；同一時間，又渴望又猶疑。在一些關係非常惡劣的婚姻裏，這種衝突十分強烈。然而，即使在健康的婚姻中，這種雙向的拉力仍是有的，我們需要肯定的是，我們渴望在心理上和屬靈上的親密，必須大於保護自我的渴望。婚姻的盟誓保證我們是配偶的屬靈生命中，最基本的人物。所以，我們必須確保自己勝過內在的心懷二意。

「在你生命中，你何時首次經歷上帝愛的觸摸？」當姬爾這樣問我時，她如同宣讀早已準備好的問題般，與一般人感到同樣的猶疑(與本章末後的人相似)。然而,你必須作出開始。一種預先設定的開始,最終也會帶來自然流露的對話。

「我記不起何時經歷上帝的同在,直至當我十八歲那年,上帝在一個青年營中得著我。」當我說到這裏,我回想起年輕時,一周復一周地坐在教會中,心裏以盤算著下一個木工計劃,來贖回正在「浪費」的時間。姬爾的經歷跟我的剛好相反。

「我可不是這樣。我已記不起,上帝何時成為我生命中必然的因素。當我四歲那年,我正在後園中耙著樹葉,一陣風撲面而來。我當時向上帝抱怨,認為祂十分疏忽:『上帝,為何當我正要耙葉子之際,你竟然讓一陣風向我吹來?』然而,上帝仍與我們同在,即使遠在我們曉得祂尋找我們以先。」

姬爾的說話引起我的思想。「在多倫多,當我仍是非常年少時,我喜歡跟鄰家的小孩玩捉迷藏。可是,我並不擅於藏,也不擅於捉。我有好些朋友擅於藏身於車房或灌木叢中,讓負責捉人的永不能尋著他們。直至遊戲的最後,他們才從藏身之處出來——以勝利者的姿態出現。然而,那些不曉得藏身的人,就會第一個被發現,當起負責捉人的角色,去尋找其他躲起來的人。我不願意成為二者之一。所以,我把自己藏身於剛好的位置,願意讓人發現,但不會過早。我其實不擅長於藏身或者尋找。」

姬爾開始反省，我童年的經歷怎樣成為我屬靈旅程的一個比喻。我對上帝有一些渴求，然而我沒有全心尋求祂。「可是，直至遊戲的結束，你不願意承認自己不被找著，」她說。「我們那位尋找人的上帝就經常扮演『尋人者』，永遠都是。」姬爾沒有嘗試為我的行為尋找心理學上的解釋，卻幫助我感受在我生命中上帝的行動。我開始分享另一種經歷，上帝怎樣把我尋著。

「我曾經在一個退修營會中，在樹林中行走，我祈求上帝向我展示一些我需要知道的有關我自己的事情。我看見幾棵年輕的樹，因積雪而壓在一棵高高的、筆直的道格拉斯杉樹，和一棵巨大卻粗糙的殘樹墩上。我不是以上任何一種樹。然後我看見一棵曾經用來當鐵欄柱子的樹幹，鐵欄窒礙了樹木的生長，但樹木卻繞著圍欄而生，直到一天欄被切斷了，餘下的只有一些可見的疤痕，作為一度被束縛現卻被釋放的記號。我就是那棵樹。」我反省道。

「你不單是一個在情感上經歷創傷的人，更心存恆常的提醒，讓你知道在基督裏，你是一個得釋放的人。」在屬靈對話中，容易傾向只顧尋找問題的根源、貧弱的自我形象或未獲肯定的童年，然而，姬爾卻知道屬靈友伴應該以培養信心為要。她嘗試幫助我以上帝為焦點。

當我提到我的屬靈旅程，我就在展現我的靈魂，真正的我。因為我抗拒這樣作，所以我傾向自我修改。正如一隻寄居蟹在借來的殼中成長，當我一旦發現有任何人時，就會即時把頭縮回。與這寄居蟹一樣，當我在屬靈上愈是開放自己，愈覺得像被別人從較大的殼中強擠出來一樣。因此，我需要一位溫柔、可以幫助我的聆聽者，這正是姬爾學習擔當的角色。

靈裏親密

發展夫婦對話並非單單學習說甚麼話，乃是知道怎樣聆聽。我們受造的時候有兩隻耳朵一張嘴，在人體結構上來說與對話並不一定相稱。我們受造的設計，乃是要聆聽多於說話一倍。許多夫婦發現輪流聆聽對方說話半句鐘，這方法頗為奏效；討論的話題可以參考本章最末部分。即使夫婦均擁有良好的對談技巧，也發現這方法的確能提升他們聆聽和分享的能力。婚姻對話容易變得規律化、表面化和習慣地膚淺。然而，我們的渴望卻非止於此。

有時候，與一位我們從不認識，也不再相見的陌生人，培養靈裏親密反倒來得容易。在沒有歷史包袱，也沒有將來的情況下，我們容易把面具脫下。祕密的挫敗、祕密的恐懼和祕密的喜樂，統統抖出來。這來得十分容易，因為當中沒有承擔。然而，沒有承擔，也不會有長久的深度。

當我在飛機上坐在妻子身旁，彼此不發一言，不是因為我們沒話可說，也不是因為那一刻不宜於談話。坐在我另一旁有位女士，我此刻大可與她開始親密的對話。我可以向這個陌生人打開心扉，因為這是安全的；她不認識我，永遠也不會認識我。也許因為有點冒險，與她說話便多了些誘人的期盼。與任何陌生人接觸，意味著要經歷一場未知之旅。

我們離地有三萬尺之高空，熒幕正在播放一部電影，講述一對男女邂逅於火車上，正如我或許遇上身旁的這位陌生人一樣。他們「搭上」了，並非只為浪漫，也是為了友誼；這份友誼是他們與各自的配偶所欠缺的。這部電影誘使我想到，我也欠缺了可建立如此友誼的機會。

在我的婚姻生活中，每天我都有一個選擇。然而，每次選擇都的確肯定了我在結婚那天所作出的決定。我定了主意，不要在朋友中，尋找可發展親密友誼的機會，而是單單與我那已經選擇了的友伴，發展親密的關係。與修士無異，我過著一種盟誓的生活。我與身旁的妻子連繫著，感到十分快樂。當我感到不願意守這盟誓之際，這盟誓卻守著我。所以，我伸手握著姬爾。她現正睡著，沒有察覺我的意念，卻忘不了電影中的信息。她同樣在二十五年前作了決定，我倆靈裏的友誼將會深入而持久，不會短暫即逝。

然而，跟婚姻的伴侶尋找靈裏的親密也有一定的困難。例如，蒂爾登愛德華茲(Tilden Edwards)總結說，要使婚姻關係成為純粹屬靈導引的場所，無疑十分複雜。他鼓勵在婚姻以外尋找一個朋友或導師，並讓這關係的果實豐富婚姻，豐富你的配偶。[1]夫婦在婚姻「以外」各自有一位屬靈朋友，無疑是上佳的事情；倘若每一對夫婦能與另一對夫婦成為屬靈的密友，則更為理想。這可以減輕婚姻本身要滿足各方面的屬靈需要的壓力。然而，儘管這是上佳的事情，婚姻以外的關係絕對不能成為學習聆聽配偶心聲的替代。

屬靈朋友的聆聽

當我們委身於藉屬靈對話來尋求親密，我們會發現這不過是成功的一半而已。要使這奏效，我們需要學習聆聽。

十二世紀的西妥教團僧侶瑞沃爾士的伊爾雷德(Aelred of Rievaulx)在其經典著作《靈友》(*Spiritual Friendship*)中，提及這種靈裏親密。當他在修士友誼的背景下寫這書時，其思路可以直接應用於婚姻。他指出在基督裏的友誼，是通往上帝的路徑，並非偏離上帝的岔道。他大膽地改寫約翰壹書四章16節：「上帝是友誼，凡在友誼裏的，都與上帝結連。」他對於友誼的觀點，跟渴望藉著屬靈對談而有更深入關係的已婚朋友，有很大的關連。

瑞沃爾士的伊爾雷德形容最基本的友誼是**功能性**的，即兩人分享共同的興趣。在當中沒有甚麼內心的聆聽，因為各人均專注於求取個人興趣的共鳴而已。譬如説，我高興聽到年輕的姬爾在安大略省亨密頓市的市中心差會中教授主日學，因為我同樣有志於服事低下階層。在提供有關這類服事的各種資源，並以上帝的愛幫助她更大發熱心以外，我可以用仁慈的説話，指出我同樣有的相似興趣，來避開任何屬靈對談——這不一定是壞事，卻不是最好的。

瑞沃爾士的伊爾雷德界定第二種屬靈友誼為具**接納性**的。這種關係建立於導師和門徒、成熟和未夠成熟的信徒之間。雖然，這種關係在其他情形或許管用，但在婚姻的屬靈對談中出現這種友誼模式，無疑是致命的。當我自以為較超越和進步時，我便不再**以配偶的身分**聆聽姬爾的內心。我可能沒有説自己有較多經驗，然而我這想法已在我的意識中，而且這信息已經在不知不覺間送出了。單向式的友誼在婚姻中，效果永遠不好。這種動力不能存在於一個平等的盟約中。瑞沃爾士的伊爾雷德形容屬靈友伴是那位「你願意以平等言辭彼此傾談，就像與另一個自己傾談一樣；你願意向他承認缺點而毋須感到害怕；你願意沒有保留地向他傾訴屬靈生命的進程而毋須感到羞恥；你願意信任他，向他展示內心的祕密、並你所有的計劃。」[2] 倘若夫婦其中一方以超然的身分，而非平等的地位聆聽對方，又怎可能達致以上的境界？

聆聽內心的說話，即是說在上帝裏尋求相同的心思，而不是在配偶面前提高自己的聲望。我若向姬爾說：「有時候，我甚至懷疑自己是否基督徒。」倘若姬爾回應說：「我也曾經有這樣的懷疑。然而，當我被聖靈充滿以後，這種懷疑便一掃而空。」這樣子的說話肯定不能幫助我，姬爾也不會這樣說。一位願意聆聽的朋友，可以陪伴我們進到比起懷疑更深之處。因為姬爾也曾經有這樣的疑慮，她可以設身處地，與我一起思索我的疑慮。

當夫婦雙方信主的年日差距很大，婚姻對話中的相互關係的需要尤其重要。在信仰上較「年長」的一方很容易擔演了導師的角色。相反地，較「年輕」的一方則慣性地順從年長的。我們要同時避免以上兩種情況，因為這不但妨礙深入的分享，這樣的關係也只建基於一個謊言之上。一位初信主的基督徒不能給予信主年日較長的信徒有甚麼幫助，這並非事實；同樣地，信主多年的門徒就有資格成為配偶的導師，這也非屬必然。我曾經觀察到，信徒與還未成為信徒的人結婚，因為雙方持平等態度互相聆聽，後來產生了美好的果效；上帝在未信一方還未認識祂以前，已經在其身上工作了。當信徒在自己靈裏最黑暗的情況下，願意冒險坦誠分享，一些未信主的配偶往往在這平等的環境下，決志相信。基督徒在屬靈成熟程度上有很多差別，然而卻是微不足道的。

屬靈友伴是尋找一致，甚或營造成一致！瑞沃爾士的伊爾雷德提出這樣的建議：「所以絕對不可輕視你的友伴，但是如果你在某些事情上確實比友伴優勝……那麼請你不要猶疑，要在友伴面前貶低自己，讓他得著你的信任；假如他感到害羞，就要稱讚他，並授予他與他的不足和貧乏成反比的權利。」[3]——要是你自己根本不願意接受牧養，你是不可能有效地牧養你的配偶的。因此，聆聽者的態度必須是：「我同樣在這旅程中，問題不在於我走在這旅程中究竟有多久。我們必須互相幫助，尋找出路。」

瑞沃爾士的伊爾雷德第三種屬靈友誼的層次，與屬靈對話的目標很接近。**互惠的**友誼指雙方一同成為朝聖者，脫去重重的面具，透明度愈發增加。當我和姬爾開始對話，正如本章開首的濃縮部分，我們或會圍繞某些相同的熟悉範圍。然而，因著我曉得她期望達致互惠互利，結果我要說的要較原來計劃的為多，並且在說話中尋求新發現。姬爾聆聽的態度引發這種自我揭示。

所有屬靈操練旨在建立我們接受從上帝而來的驚喜。當分享的過程完全互惠，則我們大可以在夫婦的對話中，得著驚喜。

當姬爾分享她少年時候，在希斯街頭事工(Hess Street Mission)服事當中的貧窮人時屬靈上所得的掙扎和喜樂，我也樂意分享我在一個可愛家庭中的屬靈成長，隔鄰的小木屋住了一個單身漢，並他患病的母親。母親倘若沒有把大部分晚餐送予山上的賈普(Jupp)太太和亞伯特(Albert)，她便不能安心吃飯。與姬爾一起，我可以輕鬆地分享自己在夜裏雪中送炭的複雜心情。即使那時候我仍未信主，上帝已開始讓我知道我需要與貧窮人建立關係，並非單單付出，也需要接受。在分享這些事情時，我和姬爾並非如功能式的朋友般，旨在分享共同的興趣；乃是藉著揭起彼此生命中的遮蓋，互相補足。

對於瑞沃爾士的伊爾雷德來說，最終極的友誼是**靈魂交織**，這靠賴超自然恩典的行動，是人與另一個靈魂的契合和交織，如同約拿單和大衞般(撒上十八1～4，十九1～4，二十17、42，二十三16)。這種「屬靈的親吻」單單來自冒險、試驗、自我付出，最後就從上帝領受恩典。瑞沃爾士的伊爾雷德指出這種友誼的箇中目標，就是當人在靈魂、意志和思想上達致特別的契合時，就會經歷三重的親吻——身體的、屬靈的和知性的結合。[4]當以上三方面也能神聖地結合在一起時，二人將以兩個身體合成為一靈（歌一2；詩一三三1）。已婚的屬靈友伴可以分嘗二人成為一體之獨特關係。大部分人都願意便捷地獲得這最終極的友誼，如同在店鋪購買一件由機器編織的毛衣。然而，屬靈友誼卻是手織的，每一線都是滋味。友誼的每一個層次均樂趣無窮，而屬靈對話則可以為雙方的關係穿針引線，最終帶來內心的聯合。但除非我們**著意**聆聽，否則以上的美景不可能出現。

聆聽的裝備

「信徒皆僕人」是其中一個廣為人所接納、卻極少人能實踐的聖經教義，在婚姻中尤其明顯。上帝子民奉召管理萬物並這世界，然而，他們卻需要接受裝備。信徒皆祭司的意思是，我們都可以為別人向上帝祈求，並向別人傳遞上帝的恩典，這是一種雙向的職事（彼前二9）。職事是為上帝而與人接觸，成為一條管子，讓基督在地上藉著聖靈繼續祂的工作。我們並非如同擁有資產般「擁有」這職事，就像具備欣賞音樂能力或木工的技巧般。這根源於我們與基督的真正關係，祂藉我們作工。然而，職事同樣根源於我們與別人的關係。這職事必須被發掘、予人認識、達致和諧並被激發出來——換句話說，就是「接受裝備」。這對於教會

(弗四11～12) 與家庭來說，同樣真實。聆聽是彼此裝備的方法之一。

其中一個原因解釋我們沒有彼此服事，就是我們過於自負，認為毋須配偶的服事，過於自我依賴而不會說：「你可以為我這件事情禱告嗎？」在地方教會中的一人牧養模式，與婚姻中只有一人牧養的情況，出現驚人的相似情況。男士通常為此掙扎不已。在性事中，他們不難向妻子說：「我需要你。」可是，在屬靈的服事上，他們經常表達：「我不需要你」(參林前十二21)。然而，惟有當我們彼此說：「今天我感到十分沮喪。你可以為我祈禱嗎？」我們才能藉著言語，彼此裝備。聆聽為這過程營造了具決定性的環境。

裝備的環境。因為我們只有眼蓋，沒有耳蓋，所以我們學會了將不願聽的信息，排斥開去。或許，我們只會在預先設定的議題上，彼此聆聽。我們中斷朋友將要說的話，為他們的說話作結。然而，真正的朋友會聆聽言語、渴求和失望背後的感受和靈魂。我們既是配偶靈魂的守望者，便需要製造環境，讓他們的心靈可以開放討論，即在重重困難中提出挑戰、鼓勵和努力，並指出我們內裏的謬誤。姬爾殷切萬分地問我：「你在懲罰曾經傷害你的人嗎？你願意從心底內寬恕他們嗎？」我們為這種彼此坦率感到釋放，因為我們知道，沒有甚麼可以叫我們互相排拒。

然而，靈裏守護並不是輔導。討論屬靈生命難免揭示我們的創口、傷痛、未解的難題、並關係之情結。在屬靈友誼中，我們經常將這些與屬靈旅程一併討論。我們沒有將焦點置於問題的基礎本身，反而集中於生命的根源——耶穌上。輔導是清除花園中的雜草，而靈裏守護則是開墾。

裝備配偶獨特的靈性。有些人未能以裝備的耳朵聆聽，因為他們在潛意識中抗拒這種與他們的想法有所不同的事工。然而，每一個人均有獨特的恩賜和職事，也同樣有獨特的靈性。將個人一己的經驗或方法強加於別人身上，或拒絕別人有與自己不同的職事，是一種屬靈的帝國主義。真正的朋友可以融和別人的性情，並其獨特通往上帝之路。裝備不是複製你個人的職事，乃是引發別人生命中應有的職事。在婚姻中，這即是說夫婦二人各執著一把裝備對方的鑰匙。惟有我們可以真誠的說：「我需要你，我需要你的服事」，我們才可以使用這把鑰匙。惟有這樣，我們才可以成為靈裏的友伴，幫助配偶向我們、向上帝開放心扉。

裝備配偶的祭司職事。婚姻中的服事，是夫婦在家庭中，彼此膏立作相互的祭司。祭司將子民的需要和讚美呈予上帝，又把上帝的恩典和愛帶給子民，是一種雙向的職事。新約聖經沒有一處指出丈夫在婚姻中是孤獨的祭司，或在妻子面前作上帝的個人代表。

丈夫毋須為妻子的靈性向上帝負全責。諷刺地說，倘若他真箇如此，只會打擾了祭司最基本的職事——讓人與上帝接觸。真正的新約祭司不願意子民依賴他們，因為子民要依靠的是上帝。

因此，我們要知道基督怎樣作為我們配偶靈魂的監督和看守者（彼前二25）。我們也要知道配偶不能在我們當中尋著靈裏深切的需要，乃是靠賴生命之糧本身的餵養。倘若，我們發現配偶的靈性愈發寄生地依賴我們，作為聆聽祭司的意思便是，裝備配偶去依靠主。有小孩子的夫婦藉著獨自看顧小孩子一段時間，作為裝備的禮物，讓另一方可以不受打擾，與上帝有獨處的時間。我們的目標不是互相依賴，乃是一起依靠上帝。

本章末後部分其中一個練習，探討配偶罪咎的經歷。我們怎樣聆聽配偶的回應非常重要。祭司曉得我們有一位救贖的上帝。上帝的內心有十字架，這十架最終處理了罪惡為上帝和人類帶來的影響。祭司曉得上帝曾經賜予救贖，因此在看見和聆聽罪惡時，他可以冒憐憫之險。他們毋須譴責或容忍罪惡。祭司不譴責，是因為他們同樣是罪人，藉著基督的血才得稱為義。他們也毋須容忍罪惡，因為曉得上帝的慈愛不會抹殺公義。

正因為我們在婚姻中互為祭司，我們**對**配偶有情感。字面上來說，這就是**憐憫**的意思。我們在上帝面前背負著配偶，宣告上帝給他／她憐恤的感情。基督徒夫婦是背負十字架的，且是互相背負。祭司式的夫婦在婚姻中激發配偶的祭司職分，在可能譴責或容忍之環境中，喚起了憐憫。一般來說，對罪的譴責或容忍都象徵了我們未能有效處理我們自己的罪惡，願意聆聽內心的配偶便可以分辨出來。

付諸實行

屬靈對話是一種藝術，多於一種技巧。幾乎任何人也可以就屬靈生命種種問題，道出一系列個人見解。然而，學習聆聽內心是一生的職志，是一種成為屬靈友伴和裝備者的職志。為何不以下列的參考作為起步點呢？當你這樣行時，緊記聆聽比說話困難一倍。再者，這些問題只是可能的起步點而已。你可以自由地按著這些問題的啟發，尋找多種的路徑。

有些夫婦認為雙方輪流回答這些問題，是頗為管用的方法，藉以聆聽對方的回應。

- 試說出在你生命中，第一次經歷上帝慈愛的溫暖。分享你及後屬靈旅程中一些仔細片段。在這旅程中，甚麼是你靈裏成長中最重要的鼓舞？

- 分享你們每人如今怎樣經歷與上帝的親密；並在何時、何地或甚麼情況對上帝有遙不可及的感覺？
- 說出現今你怎樣向尋找人的上帝敞開自己的生命，你諾守甚麼律則和模式？有甚麼東西攔阻你遵守這些律則？有甚麼可以幫助你的？
- 現今，你覺得上帝向你和配偶說甚麼話？於甚麼地方上帝願意與你同在？你認為上帝希望與你們二人做些甚麼？
- 嘗試分享你通常向三位一體上帝的哪一位祈求，你會與聖父、聖子或是聖靈說話？此舉可以讓你知道自己與上帝哪一個位格較容易接近，哪一位格與你相距較遠。
- 分享若干上帝給你的形象。有甚麼重要的詞語、印象或上帝的比喻，能幫助你回應祂？當中有哪些是你苦思不獲的？
- 除了婚姻關係外，想想誰是你生命中重要的人物。說出你對他們屬靈的期望，並你為他們禱告的模式。你認為上帝對你在這等關係上有甚麼期望？
- 要討論罪咎感並不容易。然而，夫婦討論這些感受是有幫助的。甚麼是你經常感到罪咎的？你怎樣處理罪咎感？
- 回顧你的生命，你是否感受到自己得到公平對待呢？甚麼地方感受到被公平對待，又有甚麼地方感受不到？現今怎樣呢？這怎樣影響你與上帝的關係？

- 你感到滿足嗎？倘若你感到不滿足，你意識到甚麼外在原因嗎？有甚麼內在的因素？這怎樣影響你與上帝的關係？你與上帝的關係怎樣影響你的不滿情緒？
- 與你配偶分享你生命的意義。你怎樣或發現、或獲取、或失去這意義？這些年來，你生命的意義有所改變嗎？你與上帝的關係如何幫助或建立你生存的目標？
- 你將來有甚麼計劃？你對未來數年有甚麼憧憬？你可以與上帝分享這些夢想，好使它們更加清晰和準確？你如今靈修生活中有甚麼目標？配偶在甚麼地方可以幫助你實踐靈修計劃？[5]

註釋：

1 Tilden Edwards, *Spiritual Friend* (New York: Paulist Press, 1980), p. 48; 引自Dolores Leckey, *The Ordinary Way: A Family Spirituality* (New York: Crossroads,1982), p. 63。

2 Aelred of Rievaulx, *Spiritual Friendship,* trans. Mary Eugenia Laker (Kalamazoo, Mich.: Cistercian Publications, 1974), p. 63.

3 同上書，頁115。

4 同上書，頁76。

5 這些問題取自兩個表列，有部分來自Roberta Hestenes在福樂神學院任教時的材料；另一部分來自Francis Vanderwall的*Spiritual Direction* (New York: Paulist Press, 1981) 頁74。

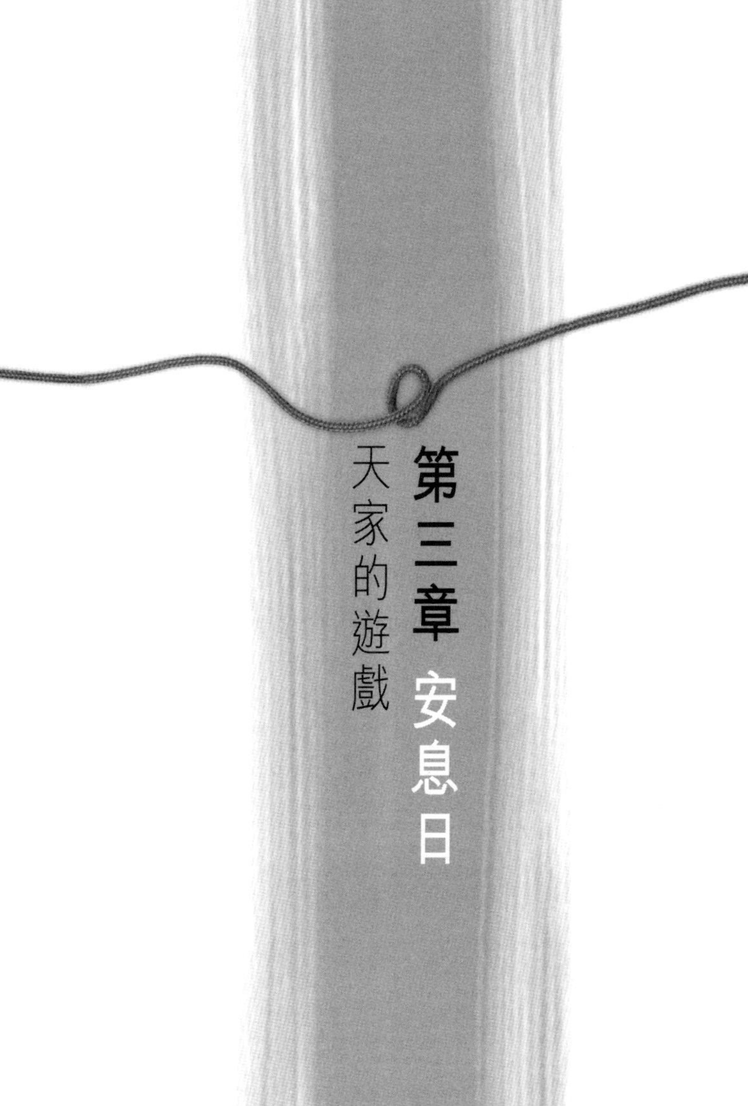

第三章 安息日

天家的遊戲

我問姬爾說：「與我一起生活，你感到有趣嗎？」雖然，有時候我自覺是個西岸的享樂主義者，真相卻是，我並非真箇有趣味。多年以來婚姻生活中許多樂趣都因為謀生和培育三個兒女的責任而犧牲了。我變得較嚴肅和認真。我和姬爾均感受到責任和難題的負擔。

然而，當我們對上帝和對方的愛愈發加深，也會同時加深一同歡樂的經歷。安息日的歇息瀰漫在我們繁忙的生活中。作為基督徒夫婦，有如穿著破舊的鞋子，手牽手踏上一段漫長的路。安息日的意思正是如此，特別對於我這些偶爾有工作狂熱的人而言。

基督徒生活的其中一個目標，就是回復小孩子的樣式，在天父的同在下自由地、自發地遊戲。這正是聖經中安息日的意思，並說明為何夫婦可以因著一同守安息日而得著益處。

安息日幫助我們與呼召的主結連。這時候，上帝可以讓我們從強逼行為和專注的表現中，得著釋放。毫無疑問，每個人也需要安息日。夫婦也需要安息日，特別是在婚姻已經變成有如工作般。

神聖的閒適

在十誡中，只有守安息日可以正確地稱為一種屬靈操練。這對於我們屬靈的健康來說，十分重要。

安息日的目的就是要我們享受閒適，也刻意讓我們默想和慶祝我們在世生命的源頭和目的。聖經沒有鼓吹閒適，卻提出安息日，當中有足夠的原因。我們在閒適中尋求的東西，上帝透過安息日給我們。人在愚笨的工作中生產製成品，卻不能滿足人類的需要，不能用以購買讓人們生命變得有意義和樂趣的經驗。然而，龐大閒適的生產商只提供了虛假的安息日。它引誘我們相信，消遣較工作吸引。然而，倘若我們真箇相信，我們必然發現內裏的分裂、壓力和不息。

安息日原來的設計是一個遊樂的日子。讓我們有機會閒適地思想創造(出二十11)和救恩(申五15)。這是一星期中的高潮，這高潮是需要夫婦二人一同經驗的。重要的是，在創世故事中亞當和夏娃在第六天被造，讓他們可以在第七天得著安息(創二2～3)。安息日是他們在這世界中第一個經驗。一星期以後，當他們在樂園裏的園藝和建設社區中休息之際，亞當和夏娃在「扮演」上帝；他們以人的樣式反映上帝的形象。上帝同樣工作和休息，我們同時以上帝的理事和地上作王的代表來學效祂。我們以工作和遊戲來尊敬祂。

在新約聖經中，安息日預示天上的樂園，在新耶路撒冷中，就是最終極的花園城市，工作和安息將成為一種榮耀的經驗(來四1～11)。安息日絕非負面、否定生命的日子，乃是跟隨耶穌的人，真正的遊戲。

正如兒童在「玩具屋」中學效父母般，信徒藉著「天家遊戲」來學效他們在天上的父親。

對於兒童來說，工作和遊戲是個別的經驗。兒童在遊戲中可以免受手段、效率和成績的束縛。在兒童遊戲的內在世界中，絕不會因這是否具生產力而有所阻礙。他們自由地使用想像力。惟有當兒童經過成長這熬人的過程後，才知道原來人是按他做了些甚麼來界定的，工作遠較遊戲重要，關係必須「有用」，甚至連禱告也需要具有果效才成。

兒童問他們的父母說：「你可以與我遊戲嗎？」在一方面來說，這種遊戲不能成就甚麼，然而事實上，當中卻有一些重要的事情**已經**成就了——父母和兒女互相肯定，他們享受和珍視對方。為甚麼已婚夫婦不能彼此說：「你可以與我遊戲嗎？」為甚麼不把遊戲看作一種屬靈操練，如同安息日般？一起遊戲與一起禱告相似。

優質時間的謎思

當夫婦一同工作時，他們在**事件**、事物或創世的事情上，各持己見。無論藉著設計新電腦程式來管理家中戶口，或開墾後園，他們將這表露無遺。這正是學效上帝管理大地的部分意思（創一28）。然而，當夫婦慶祝安息日，他們正是尋求**時間**上的操控權，這任務更見複雜。

當我們安排時間，我們視之為需要管理的資源，如同泥土和核能一樣。時間管理容讓我們在忙碌的一星期中，為配偶騰出多一個小時。這並非壞事。然而，當我們這樣看待時間，我們或許會發現自己向上帝抱怨，為何時間總不足夠；或向配偶投訴，為何要求在我們的日程表中佔著位置。我們不住哭訴為何每天只有二十四小時，而不是二十五小時。

守安息日含有將時間視為**禮物**之意。當我們謙卑地視時間為創造主所賜的禮物，上帝可以在每天、每時、每分、每刻，讓我們有機會享受在基督裏的歇息。每星期有一天，或一天中有一小時預留給上帝，或家庭和配偶，原意是要讓我們可以贖回生命中所有的時間。

我們經常討論**優質時間**，彷彿我們計劃留給配偶的一小時，能有超然的時間經驗。有時候，這安排了的數小時，會花在默然無語和悶人的活動中。亦有時候，這些時間可以十分美妙。然而，認為可以計劃優質時間之說，無疑是一個謎。當夫婦願意花**好些時間**彼此相處、對神存開放的心，這些時光也可以成為優質時間。這是一份我們可以送贈的禮物，也是一種操練。與其他操練一樣，它致力剔除人為的障礙，讓我們可以隨時因那尋找人的上帝的奇妙而感到驚訝。

在婚姻中，需要剔除之人為障礙，莫過於強逼生產和表現。安息日正是要我們與之對立，因為安息日提醒我們遊戲的重要。遊戲是上帝定意給予個人和夫婦的。以下三個建議是為慶祝安息日之遊戲而設的。

玩樂般的遊戲

當我和姬爾帶領一個恩愛夫婦營之際，我們以一個問題和一個守則作開始。問題是：「夫婦二人何時曾經離開孩子出外過夜？」有些夫婦竟然說是七年以前的事，真叫人驚訝！守則就是在這周末，夫婦必須承諾在彼此的對談中，不要談論兒女的事情。有時候，有些夫婦不禁尷尬地笑起來，因為他們已經長時間沒有談到孩子以外的事情，這個周末是再一次讓夫婦談情的機會。

每一對夫婦必須花時間慶祝他們婚姻的關係。對於一些夫婦來說，周末偶爾離家到一處特別的地方遊玩，與參加教會活動同樣重要。當我們這樣遊玩之際，我們天上的父親也覺欣喜。遊戲並不是錯或「俗世」，相反，若這遊戲是獻呈予上帝的，則是聖潔的。

在我們二十五周年結婚紀念的日子，其中一個已婚兒女在我們遠遊時，寫信給我們說：「我們必須曉得，我們並不是你們生命中惟一重要的，你們彼此間的愛，比你們給予我們的愛更為深厚，也有所分別。

這一課在開始時無疑十分難懂，然而，當離開的時間愈來愈近——這真是何等的自由！」

十六年以來，我和姬爾不斷建設和改善我們鄉村小屋的環境。這是我們嬉戲的地方，共同創意的表達——或許是因為大部分建造材料，都是從沙灘或垃圾桶撿來之故。當我們一起在那裏時，我們經驗到甘甜的安息，那是從上帝而來的。有些夫婦在每天日落以後，在一起茗茶中發現安息，當中從來沒有要說很多話的期望。契通毋須很多說話，有時候，共處有如同行般，已經有一種深入的歇息。每一對夫婦必須以自己的方法，有「在天家般的遊玩」。

崇拜般的遊戲

安息日是從生產力和表現的暴政中得釋放，並藉著愛讓我們重尋自己的身分。故此崇拜明顯是守安息日的方法之一。我們並不因為能在崇拜中得著甚麼而崇拜，這只會將我們功利主義者的工作倫理帶進崇拜之中。諷刺地說，讚美清晰地「作工」，因為它把我們從強逼著把所有東西變得有用的意念中，釋放了出來。這正是上帝的喜樂，除此無他。魯益師(C. S. Lewis)曾經說，上帝命令我們敬拜祂，為要邀請我們去享受祂。崇拜是遊樂。這正如一個孩子敲人家的門說：「你今天可以跟我遊玩嗎？」

大德蘭(St. Theresa of Avila)論到自己最大的渴求，莫過於成為嬰孩耶穌手中的玩具，如同一個可愛的玩具熊般。玩具之所以可愛，並非它作了些甚麼，乃是因為玩具可以帶來歡樂。一個肯定我們明白何謂在基督裏的記號，就是我們相信純粹靠著恩典，我們可以與上帝同樂。若說基督徒夫婦不願意一同與上帝同樂，這是不可想像的。這明顯是我們最高的特權，在崇拜中一同討上帝的喜悅。

有一個出色的研究顯示，婚姻的素質與共同屬靈操練有密切關係。[1]這研究反映了當夫婦出席教會活動或參加崇拜聚會未能有效增進婚姻親密，夫婦一同禱告和學習與上帝聯合卻頗奏效。無論屬靈操練為培養更佳婚姻的原因或是結果，至少可以肯定的是，一同敬拜是增進基督徒婚姻的一個重要部分。

大部分夫婦開始時都會坐在一起，享受地方教會的敬拜。但開放自己，參與小組或夫婦二人在親密的場合讚美和敬拜上帝，也是非常有益的。孩子出生，或搬進新家都是自然的機會，讓我們一起奉上心靈，讚美我們美善的上帝。有些夫婦每一天會全家唱一首聖詩或崇拜詩歌開始。即使最膽怯的人，也可以在家裏跟著崇拜音樂錄音帶，或在駕車途中歌唱。有些朋友在崇拜過程中使用方言或禱告的言語，他們均認為這種以遊戲形式表達的喜樂，真能深化他們一起的生命。習慣使用祈禱書和既定禮儀的人，會發現這是一個偌大的寶庫。只要有恆心，定能找到出路。

無論你以甚麼方法來開始，把崇拜視為「天家的遊戲」都是有幫助的。在天家中，物質和時間都因恩典而被救贖了，因此我們只需崇拜。啟示錄二十一至二十二章所描繪的敬拜，不但不會如想像般沉悶和形式化，反之它會在極其漂亮的地方舉行，且充滿創意的經驗。一切景象、聲音和動作都集中在基督、就是羔羊的身上。我們在地上的所有敬拜，都好像一個盛大的綵排，是值得的，為了預備那更盛大的場合。我們正在玩「天家的遊戲」，所以要求你的伴侶玩耍，本質上與要求他禱告沒有分別。

性遊戲

正如安息日是為了工作而設，性交也是為婚姻生活而設的，是一個神聖的歇息，有助我們從婚姻中得著意義。透過安息日，我們發現日常的工作真的是為了上帝而作；透過性生活，我們記起我們連結的生命的細節是為了愛。在以上兩種情況下，當我們回到那常規之中，都可覺察其存在的原因。

我一直在探索婚姻安息的意義，容讓夫婦二人脫離生產和行事的強逼。性親密也要求這種自由，而性遊戲是婚姻安息的一種表現。正如所有安息日的表達一樣，這也必須是一種遊戲。在許多婚姻中，夫婦把性視為有要求的表現，或害怕表現失當，以致把性交降為一種沉悶的慣例；強要從中得出工作的果效來。

西方社會把性降為一種技巧，一種可以學習的技能。但聖經卻把性描述為一種讓成人放下一切，像孩子般玩耍的途徑。許多為了笨拙和得不到滿足的性關係而掙扎的夫婦，實際上可以在雙方同意下嘗試有限期地暫時停止性交，單單享受前戲的樂趣。聖經裏甚至有一個字——*tsaq*——用以形容性生活中這美妙的部分，在創世記二十六章8節以撒撫摸他的妻子利百加時，就用了這個字。英王欽定本用「運動」(sporting) 來翻譯此字，突顯了遊戲的意思。

聖經中有整卷書描寫約裏雙方間性遊戲的慶祝。雅歌除了可以表達基督對教會的愛以外，也表達了上帝在性遊戲上那美善的恩賜。這首歌曾被認為是亞當第一次遇見夏娃時，所流露的喜樂的延伸 (創二23)。一些猶太拉比對此書非常了解，並禁止四十歲以下的男人閱讀此書，因為它實在太叫人興奮了！

我慶幸忘記了是哪一個年長的基督徒，曾經告訴我只有思想污穢的人，才會認為雅歌在類比基督對教會的愛以外，還有其他的意思。可能事實剛好相反：思想污穢的人因為未能因上帝賜予的性而感恩，或思想受到未被解決的性問題所污染，以致他們把經文「靈意化」，而不接受其表面的意思。

雅歌形容二人在多方面享受對方，含有夢一般的意境，讓人充滿想像；好像孩子玩耍一樣，內在和外在的世界融為一體，不受任何工具所限制，而是因全然的享受來維持。這是純粹浪漫的愛。上帝是惟一合法的觀賞者，祂說(若這代表上帝的聲音)：「我的朋友們，請吃！我所親愛的，請喝！且多多的喝！」(歌五1) 上帝不但贊成浪漫，浪漫是祂發明的。

多洛雷斯萊基認為性行為是婚姻盟約的儀式。她以此與聖餐中的餅和杯作比較，藉著物質元素來更新我們屬上帝的承諾，並因祂應許永不離棄我們而歡欣。[2]如同在我們隱密的睡房中，我們以十分現世的、人性的方法，來更新、重新肯定及深化我們公開宣認的婚姻，如同人捏著餅、搾葡萄一般。若人認為婚姻在結婚那夜已成就了一切，則這段婚姻便不能長久。婚姻的儀式需要不斷重複出現，如同安息日一般。我們都是健忘的，需要這強而有力的提醒。

我認為在一對屬於上帝的夫婦而言，性行為因著其強烈的象徵意識，本身可以是一種禱告的形式。藉著進入和再進入彼此的身體，我們以最高層次來親密溝通。因著我們的身體不只是魂與靈的軀殼，乃是整個人的表達，我們能夠經驗人格的聯合(林前六15～17)。

我們在彼此的生命中進進出出。性交與合併並不一樣，二人成為一體，卻沒有失去個別的身分和個性，而是透過彼此親密的相交，發展更深層的個性團結。如此，這就成為我們與上帝的關係的有力象徵，這關係在性愛的相交中反映出來。基督並沒有像合併者一樣把我們吞下，但祂確實住在我們裏面，我們也住在祂裏面。基督徒經驗的精髓，並非我們在基督裏失去了身分，而是在基督裏的團契。

性原本是個人的，但與此同時又把我們引領到我們自己以外的境界。西方文化在後基督教的世代中，進入全然世俗化的階段，性行為必須被鼓吹成終極的體驗，實在不足為奇。性被視為與生俱來、可重複的神祕經驗。我相信馬格烈治（Malcolm Muggeridge）曾說過性欲是物質主義的神祕之處。假如你只擁有物質與肉體，你還剩下甚麼呢？

不少宗教的信眾以性交作為一種祭祀的儀式，嘗試透過廟妓來跟神明神祕地聯合，也是很普遍的。許多原始宗教以性來作宗教用途，是既危險地接近真理，卻悲劇性地遠離真理的；他們失去了性行為的遊戲成分，卻功能化地把性行為轉化成影響神明的方法。

然而在聖經中，婚姻關係是一種**禱告**。丈夫被呼召去愛他們的妻子，就像基督愛教會一樣（弗五25）；妻子則要像尊敬主一樣敬重丈夫（弗五22）。基督在我們對配偶的事奉上，接受了我們的事奉；祂也藉著配偶牧養我們。這就是把婚姻中的性愛形容為天家的遊戲的惟一解釋。

一段美滿的婚姻含有更大的意義，就像我們目前與基督的關係一樣，是還未完滿的婚姻中可望而不可及的承諾。使徒保羅說他曾把哥林多信徒如同貞潔的童女獻給一個新郎，就是基督(林後十一2)。在聖經時代，許配就是未有性關係的婚姻，夫婦在這關係中除了肉體結合外，已在各方面成為夫妻，只有離婚才能解除婚約(太一19)。

所以我們在今世與基督的關係，就像一個準備，是未完成的；我們還未知道自己真正的身分。我們正期待在天家的婚禮，就是啟示錄所描述、與主坐席的榮耀日子。許多人誤以為在天上沒有婚禮，正如耶穌通常被誤解一樣(太二十二30)，其實所有信徒的終局就是婚禮。天家是與羔羊同享永遠婚筵的地方(啟十九9)，這樣雅歌就可以解釋為基督與祂的新婦——教會之間的愛的豐富預表。

婚姻是我們窺視天家的窗戶，而我們在一起的安息時間讓窗戶保持明亮。藉著性關係作為在婚姻中守安息日的特別儀式，可以讓我們先嘗與上帝、並祂子民歡愉的聯合，使地上的婚姻得以真誠地上演著天家般的遊戲。

我們探討了三種慶祝婚姻安息的方法。每一種方法均嘗試挪開障礙，使上帝可以把平凡的時間化為美妙的時光。最有可能得著這種恩賜的，就是當二人願意向上帝開放，並準備分享他們生命中**所有**的時光。盧雲說：「屬靈生命並不包含任何特別的思想、意念或感覺，卻見於每天生活最平凡的經驗中。」[3]

新約聖經以*kairos*一字來形容滿有希望、意義、機會和永恆結局的時間，相對於以*chronos*一字來描寫平淡、平凡的時間。婚姻靈旅不在乎一同靈修，把每一整天獻予基督，而是將每一天*chronos*的時間獻予上帝，好讓祂使之成為*kairos*。惟有這樣，我們的日子才可以注入安息日的休歇。麥稜蘭科(Madeleine L'Engle)論到*kairos*時說，這是真正的時間，「以喜悅的震撼來突破*chronos*，當我們經驗這些時光之際並不為意，及後才發現過來。」[4]

付諸實行

作為一個屬靈原則，安息日需要預先安排的時間，作為「天堂的遊戲」。我們將要首先處理這點。然而，安息日也需要一種開放的態度，讓我們隨時可以領受恩賜。這亦會是我們第二個建議練習的主題。使徒保羅說，有些信徒視這一天較另外的日子重要，但亦有些人視每一天為主日(羅十四5)。要全然慶祝安息日，兩種看法都是重要的，即使在婚姻中亦一樣。

預先安排安息日的討論題目。倘若主日是你的安息日，應與配偶討論怎樣度過。這導致安歇還是忙亂的宗教工作？你怎樣在每星期騰出一整天來休息？你可作出甚麼改變，使你與配偶能共同持守這安息日？

你們夫婦怎樣計劃有趣的遊戲。回憶你倆共同遊戲的經驗，是十分特別的，是與天家般有分的。你可以採取甚麼步驟，肯定你倆的生命不盡是工作而沒有遊戲？

崇拜遊戲是我們思考安息日的第二種方法。回憶一些在聖餐中，與上帝同在的經驗。與你的配偶互相分享在崇拜中，與上帝同樂的最好環境。妥善安排這些時光，並小心愛惜它。

性遊戲是夫婦慶祝安息日的第三種方法。可討論性愛的屬靈層面，分享你在親密的婚姻中哪方面最能幫助進深彼此之間與上帝的契合。你怎樣騰出時間和空間，供雙方享受毋須倉促的性遊戲？倘若發現有需要挪走的障礙，互相承認，並計劃怎樣妥善處理。

以默想來慶祝你生命的時間。安息日不止於計劃休息的時間。這同時是轉化平凡的時間，成為接受「喜悅的震撼」的時間，讓*chronos*成為*kairos*。「要愛惜光陰」(弗五16)並不是將你所有的時間儘量搾壓成具生產力的時間，乃是決定以大家所有的時間，都在上帝面前活。這使安息日成為一整天、一整個星期夫婦之間的守則。以下的默想是為要幫助你培養出一種對聖禮的每一部分持禱告般的開放態度而設。你最好獨自在一個平凡日子，在固定的地點嘗試這默想。然而，你及後或許願意與配偶分享你所學到、所渴想、並你為婚姻所祈求的內容。你或會開導配偶，分享昔日夫婦二人怎樣將平凡時間轉化成為神聖時間，並期間所有的發現。

1. **甦醒**。在你起床以先，花一刻時間感謝上帝，有兩個重要的「他人」是屬於你的：屬天盟約伴侶和你的配偶。今天，你可以慶祝這盟約。
2. **預備新一天**。清洗、穿衣、調整。與其讓你的思想充斥著今天要做甚麼和怎樣完成等等，倒不如為你配偶靠向上帝。你配偶今天會作甚麼？他／她將要見甚麼人？今天，你的配偶會面對些甚麼壓力和困難？今天較後一點時，他／她何時最需要你禱告支援？今天，將你的配偶交託予上帝，感謝祂在這新的一天帶領你們。
3. **安靜時間**。大部分人需要培養每天讀經和禱告的習慣。當你花一陣子閱讀上帝的話和禱告時，也要為你配偶其中一種恩賜感謝上帝——或許是他／她獨特的靈性，或他／她與人、環境有關的處理方法。

4. **早餐**。這也許是家庭中最混亂的時刻。試想想如何把家庭中每個成員今天的議程在這刻配合妥當。將你的配偶和家庭成員獻予上帝，成為活祭，並為他們祈求不要效法世界，只要心意更新而變化（羅十二1～2）。
5. **工作**。思想你工作中一些慣常的活動，反省當中的壓力和挑戰。你如今沉思這世代的顯貴和有勢力人士。在這天思想你是一個被深愛的約中伴侶，在那不能言悔的約中，屬於上帝和你的另一半。你是被愛和受珍視的。不要讓周遭的環境逼使你以你的工作來界定自己、並你的身分。只有愛你的人才會真正認識你。
6. **遊戲**。你今天會遊戲嗎？要是你有兒女，他們能幫助你再次學習遊戲的樂趣。[5]你可以想像今天與配偶遊戲嗎？你可以回憶這些遊戲的片段嗎？為你已經擁有的童真而感恩。
7. **休息**。安息日隨時隨地可以出現：在忙碌透頂的一天後，兩夫婦倒在沙發上、或分享兩杯咖啡、或一家出外旅行、或將一卷卷牆紙擱下，樂得空閒、或一起在床邊禱告，回想上帝在這天的美善。

這可以在工作中發生，或在繁重的事工裏，當你的靈因上帝正藉著你工作而感到「疲勞過度」時，計劃並不是體驗休息的關鍵(這只會視時間為管理的資源)，乃是視時間為禮物或恩典，欣然領受。當我們視時間為禮物，並當我們經驗時間如同感恩節，則任何時刻也可能經驗卓越。米契郭安(Michel Quoist)以優美的詩句表達出來：

主啊，我有時間。
我有很多時間。
你賜給我的所有時間，
我生命中的年月，
我年月中的日子，
我每日中的時光，
它們都屬於我的。
我可以讓它充滿，平靜而寧謐地，
然而，可以溢滿邊緣，
將平淡無味的水呈獻予你，
你可以把它變成豐美的葡萄酒，
正如在加利利的迦南曾經發生的事情。[6]

8. **轉向**。上帝已接受你和你的生命，作為讚美祂的祭。沒有任何方法，比存感恩的心、為祂的榮耀與配偶共同生活能更直接靠近上帝，為此獻上感恩。然後你可以與保羅一起說：「我知道怎樣處豐富。」(腓四12) 你更可進一步把配偶視為你的靈友，並發現平凡的*chronos*時間，也可以轉化成有素質的*kairos*時間。

註釋：

1 Lynn M. Forester, "Spiritual Practices and Marital Adjustment in Lay Church Members and Graduate Theology Students" (博士論文，Graduate School of Psychology, Fuller Theological Seminary, Pasadena, California, 1984)。這論文以高素質的問卷調查，訪問了二百四十七位基督徒平信徒，論文的主題就是評價經歷高度婚姻滿足和共同屬靈操練之間的關係。這也是本書的主題。所謂共同屬靈操練一般的量度準則，按其重要次序為：夫婦一同禱告、與配偶一同禱告而經歷上帝的同在、禱告中經驗與配偶聯合、按時安靜靈修或「避世獨處」、在教會崇拜中經歷上帝的同在。作者發現共同屬靈操練與良好婚姻關係有極密切的關係，至少在她主要調查的年輕、未有子女的夫婦羣體是這樣。

2 Dolores Leckey, *The Ordinary Way: A Family Spirituality*(New York: Crossroads,1982), p. 17.

3 Henri Nouwen, *The Genesee Diary: Report from a Trappist Monastery* (Garden City, N. Y.: Image Books, 1976), p. 41.

4 Madeleine L'Engle, *Walking on Water: Reflections on Faith and Art* (New York: Bantam, 1980), p. 98.

5 參Hugo Rahner, *Man at Play* (New York: Herder and Herder, 1972)。

6 Michel Quoist, *Prayers* (Fairway, Kans.: Andrews and McMeel, 1974), p. 98.

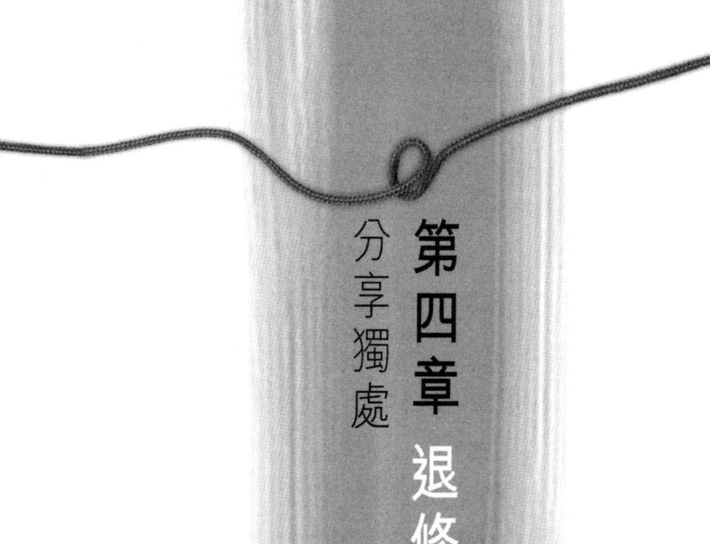

第四章　退修

分享獨處

湯姆和嘉芙蓮事業有成，卻希望用一年時間來建立聖經及屬靈基礎。所以，他們決定入讀我任教的維真學院。一年以後，他們將會決定返回世俗的工作崗位，為主而活；或是全時間事奉。正與我其他的學生一樣，他們變賣所有，如今卻要面對一個問題：「下一步怎麼樣呢？」他們仍然未有一致的答案。

我經常鼓勵已婚學生，在學期過程中有一起退修的時間，在聖靈裏讓生命有更深入的經歷。這是我教授「地方教會建立牢固婚姻」一科中的功課之一。對於湯姆和嘉芙蓮，我希望藉退修，可讓他們於未來計劃達成一致的決定。他們容許我將其退修筆記分享出來，好使其他人或許得著鼓勵，或得著能力去作類似的決定。當你讀到以下的筆記撮要時，請注意夫婦退修的若干重點：

湯姆和嘉芙蓮需要從日常環境中完全抽身出來，好使得著上帝對於他們將來的心意。他們選擇在溫哥華島度周末。我和姬爾則有時候在一家本地的修道院留宿。

退修開始時有一定的尷尬程度，夫婦必須有決心克服這種初期的尷尬，才可以進到較深入的契合。有時候，夫婦可以先個別地單獨禱告，讓他們有所領受，並以上帝為中心。

當消除疑慮之際，脫離日常忙碌的經歷容許湯姆和嘉芙蓮更加真誠面對對方。盧雲說：「倘若沒有獨處的話，沒有真誠的人。」[1]倘若沒有分享的獨處，也沒有真誠的婚姻。許多夫婦害怕這種真相，便經常與兒女或其他夫婦同行。

湯姆和嘉芙蓮明智地集中思想**感恩**。當他們一同感謝上帝，便能克服彼此的不滿，並正視職事的決定。

身體的觸碰對他們二人來說是退修中正常、具建設性的部分。然而在緊急的時候，有些夫婦卻發現需要採用現今已不大流行的禁欲，我們將在獨立的一章討論這課題。湯姆和嘉芙蓮在退修後的一星期中，確實曾經禁欲。

最重要的還是當人在退修後，怎樣重投生活。有時候短暫的退修是危險的，除非退修者在重新投入日常生活時，有規律地懷著新的視野。當湯姆與嘉芙蓮**仍在一個理想的環境中的時候**，已經計劃繼續共度屬靈旅程。透過靈程日誌的記載，他們得以保存一起被上帝找著的甜蜜美果。

湯姆的退修日誌

我們需要訂立一個共同參與的計劃，特別為了建立我們彼此間的屬靈友誼。上帝首先供應時間，我的課堂剛好來到一個段落，一個朋友請纓為我們照顧小孩，讓我們可以離開幾天。就在計劃怎樣度過這數天時，我們的婚姻開始出現重整和興奮。我們需要獨處，只有我們二人和上帝；我們要重新認識，無論是在屬靈上、情感上還是肉體上——你看，這就是退修！我們按計劃來到維多利亞(Victoria)，期待得到真正的重整與休息。

在渡輪上，我們只有寥寥數語——只是閒談，並沒有任何深入商討。單單牽著手，欣賞上帝創造的美麗，已然醉人。我們已經一起讀完《婚姻靈旅》(就是此書的初稿)，但仍把它帶在身旁，方便重溫和討論某些部分；在我們駕車遊覽維多利亞時，許多話題都來自此書。

我們來到布查特公園，整個下午都只是牽手漫步，在不同的庭園中拍照留念。當我們一邊閒談，話題就慢慢深入至談論上帝在我們生命中的計劃。我們彼此分享與上帝相遇的經歷，和上帝在我們心裏的位置。當我們傾談和分享對有關身處環境的內心感受時，都因上帝豐厚的恩典、甚至讓我們可以被稱為祂的兒女而感到訝異。我們開始重溫過往的日子，帶著歡笑和眼淚在花園中散步。

那日園中遊人稀少，可能是時值深秋，人們已開始預備過冬。我也感到我們同樣需要改變彼此間相處時的態度。我們必須只按著上帝的心意去改變對方，而非按著己見。我們只有、也只可以藉著祂的模造、雕塑和呼召，更緊密地合而為一，建立更深刻的屬靈友誼。

我們的對話從我們彼此間的關係，引申到我們與上帝的關係。這是有點敏感的，幾乎就像測試水溫，看看溫度是否合適；當我們分享從上帝而來的思想和異象，並我們個人與祂的親密程度時，彼此都在尋求對方的回應。在試探對方的回應後，我們繼續探查更多彼此間的感受。我們漸漸觸及個人生命中一個從未被討論的範圍，因為以往害怕面對當中可能帶來的恐懼和痛楚。當我們快要結束花園裏的漫步時，我們的交談已變得輕鬆，預備入住訂好了的旅館。那兒是一家重新修飾過的古舊房子，差不多在市中心，已經超過我們所求的了。

我們稍事休息，忘卻了生命中的一切勞累，親近上帝和對方。噢！何等美妙的午睡呢！我們醒來就一起禱告，為祂給我們預備的一切、祂的大愛和這特別的相聚時刻感謝祂。我們也祈求祂帶領我們的思想和交談。

我們在一家可愛的餐館共進晚膳，一起享受美食，並肩而坐看著船隻進出碼頭。我們以愛互相觸碰，就像度蜜月一般。曉得上帝讓我得到如此美眷共度終身，是何等奇妙的感覺。我回想是祂叫我們走在一起，一定是**祂**叫我們每天更彼此接近。我為這段關係心裏充滿感恩，就好像正開始、且快要在上帝的眼中結出美妙、珍貴、純潔的關係來。然而這段婚姻仍需要水分、肥料和沃土，讓關係更深扎根，在上帝的面前結出永恆不變的果實。

我把一張卡塞在嘉芙蓮的餐巾下。那張卡是我買的，我寫了一首詩在卡上，作為我對她的愛的紀念。(我的第一首詩！多麼草率啊！)她感到驚訝，也被那首詩嚇著了。她展開笑靨、捏著我的手並重複地讀著那首詩，她顯然非常感動。

我們邊吃邊談，繼續問對方一些難以回答的問題：「你認為上帝在我們離開維真後，要我們到哪裏？」我對這個問題尤其敏感，因為我還未有肯定的答案。然而，嘉芙蓮頗為肯定，認為我們必須投入全時間事奉的行列。可是，我卻不然；這樣就暫時停止了這問題的討論。

我們繼續慢慢享受佳餚，繼而談及孩子們。晚飯後我們在城中溜達，在碼頭漫步，一邊談論四周的創造。上帝容讓我們成為祂國度裏的一分子，是何等奇妙、滿有大能和恩典！上帝祝福人，讓人有創造的能力，能在城中生活，是何等偉大！然而，基於我們四周的一切，我們遂觀察到自己有多大的需要。在我們一起溜達時，我們握著手禱告，聖靈大能的力量在那刻充滿我，叫我不禁飲泣。上帝把我和嘉芙蓮放在另一個城市，讓我們學習祂的話語、真正與祂和與對方親近，是何等可敬可畏！

我們到另一家餐廳喝點茶和咖啡取暖，因為傍晚的空氣轉冷，叫我們在漫步花園和市內街道時也感寒意。當我們談到哪一段是我們生命中最重要的關係時，我們再次進入深入的交談中。我表示上帝是最重要的，然後是嘉芙蓮和孩子；有時候我甚至把次序倒轉。故此我們逐一討論每段關係，看每段關係如何按永恆的角度融入我的生命中。我們同意一起尋求上帝，承諾在未來的日子裏一起持守這信約。

夜幕將至，我們深切渴望表達親密、契合的愛。我們攜手走進房間，手牽手坐在床沿，一起為這一天感謝上帝，承認我們的失敗，並為了透過祂作為我們婚姻和生命的主而來的成功而喜樂。

嘉芙蓮的退修日誌：接下來的一周

經過了在維多利亞一個周末的一起交談、禱告和反省，湯姆和我同意在星期一禁食，一同尋求上帝。我們從未想像過這星期的禁食和禱告，會是如此難過的。這星期實在是困難、富張力、叫人耗盡情感，然而卻奇妙地使人釋放的。

星期一早上我們各自靈修，然後一起禱告。到了下午我們已經投入了深刻的交談中，間中還為我們的將來爭論。我們求上帝挪開任何阻礙我們與祂和彼此聯合的隔閡，而祂就在星期一下午開始動工。

祂展開了我們之間一個嚴重潰爛、卻又謹慎收藏了的傷口，並在我們許多眼淚中排出毒素。那個傍晚我不斷饒恕湯姆，也為了數年來自己內心的苦毒接受上帝的饒恕。

星期二我們彼此肯定，然後星期三再次觸及另一個阻礙。這是第一次我可以開口說出被出賣的感受，和對上帝與湯姆的憤怒。在退修開始時，我認為當我們離開維真時，我們會投入某類型的全時間事工中。我相信上帝把這渴望植在我的心田上，但卻因毫無動靜而感到憤怒。我嬲怒湯姆向這方向敝起心靈，並引領我相信另一方向。我已預備放棄一切物質來迎接事奉，但現在我感到被欺騙了。更多的禱告，帶來更多的眼淚。我有條件地為上帝獻上所有。我向上帝和湯姆認罪，並接受寬恕。接著湯姆也承認他心靈的封閉，我們在悔罪和饒恕中結束了這一天。

星期五我接受一名屬靈女士的禱告輔導，那經驗實在奇妙。聖靈讓我把一些不必要的重擔交給耶穌，我的生命得到重要的醫治。耶穌取去了我一直在護理的傷痛……就是一直阻礙我與上帝和與湯姆建立良好關係的傷痛。

我對告訴湯姆這次醫治的經歷有點猶疑，他聽到我親眼看到基督把我的重擔逐一挪開時，會怎樣想？

當我回家告訴他時，他留意到我心靈上的轉變，並分享我的興奮。在數天之內，他也會接受禱告輔導和相似的醫治經驗。這經驗釋放我們，讓我們在上帝裏更緊密聯合。

繼續旅程

嘉芙蓮和湯姆最後一起任職管理顧問（被亞居拉和百基拉帶職事奉的例子引發的——參徒十八1～4、26；林前十六19），因他們是自僱的，所以能夠善用時間於其他的事工上。

然而不是所有夫婦都要等到面臨抉擇時，才安排退修的。每段婚姻都需要時間和空間，讓夫婦二人抽離日常生活的壓力，從另一角度看事物。

付諸實行

要實行這操練，有四個問題是要先解決的：時間、地點、金錢和程序。

時間。大部分夫婦即使是撥出二十四小時，也需要在數星期前就作好準備。湯姆和嘉芙蓮利用學院時間表中的閱讀周，成為他們的黃金機會。姬爾和我則認為在聖誕節前的瘋狂忙碌中離開兩三天，是一個重要的休息。數年來我們送給對方的聖誕禮物就是「時間」，這聖誕前在優美旅館中的小休，是表達這禮物的珍貴方法。商業活動也有彈性時間，夫婦二人有時候也可以在學年中安排一次退修，這些時候孩子忙於應付學業，託管也較容易安排。

地點。這方面比較難安排。酒店多的是，但不是每處都能提供默想的環境。大部分修道院都設有住宿設備，是希望作安靜禱告的夫婦的最佳退修地點。許多時候那裏的修士或修女，都願意協助營造退修氣氛和提供屬靈輔導。湯姆和嘉芙蓮選擇了遊覽另一城市，並在一家提供住宿和早餐的旅館下榻。一些夫婦會交換房子或分享他們在郊外的度假屋。假如教會能在郊外預備一個地方，讓希望分享退修獨處的夫婦使用，會是非常好的服事。一些擁有郊區物業或別墅的教會會友，可以跟負擔不起外遊的會友分享他們的資源，這又帶來第三個障礙——金錢。

金錢。如果教會裏的夫婦可以組成小組，他們就能輪流照顧小孩，省下僱用保姆的昂貴費用。在別人度假時，開放自己的家庭，也是另一個提供廉價資源的方法。我深切相信把慶祝婚姻關係視為屬靈操練的一種，是非常關鍵的，甚至那些經濟拮据的夫婦可以用「十一奉獻」中的部分，來持守這操練。我是有聖經根據的：申命記十四章24至26節說明，如果有人住在遠離耶路撒冷的地方，可以把用作十一奉獻的牲畜換成銀子，帶到耶路撒冷去。到了聖城，他們可以用這銀子，「隨心所欲，或買牛羊，或買清酒濃酒，凡你心所想的都可以買；你和你的家屬在耶和華你神的面前吃喝快樂。」在這情況下，敬拜耶和華的人可以用十一奉獻來與家人共賀上帝的美善，但卻不能以此作為丟棄利未人的藉口，因為他們是靠奉獻養生的。（十四27）用十一奉獻來支付夫婦退修的費用，並不算是「奪取神之物」（瑪三8），我個人認為如果我們犧牲了在上帝面前全心慶賀我們的婚姻，來支付主的其他事工，才是「奪取神之物」。

程序。大部分夫婦像湯姆和嘉芙蓮一樣，在共度退修時，都需要預備一個議程，尤其是如果他們都不習慣沒有系統的時間表。一個簡單的計劃讓人在一起尋求主時，有明確的焦點和清晰的目標。湯姆和嘉芙蓮基於他們作決定的需要，也有一個議程。

當我和姬爾為我們教會的夫婦舉行屬靈友誼周末營時，我們通常在星期五的晚上輕鬆地先分享屬靈友誼的優點，接著是由我們或另外一對夫婦，簡短地講解連串「迎接配偶的靈性」等題目。每節一小時的夫婦溝通時間前，都有簡單介紹，是以下錄二十條反省題目來作骨幹的；要思考這裏所有題目，通常需要整個周末。我們在星期五晚上討論第一至三項，星期六討論第四至十五項，而星期日早上則看第十六至二十項。許多夫婦認為單獨為配偶禱告一個鐘頭，是周末中最重要的時刻。我們通常以聖餐作結，就是差不多任何信主的夫婦在私下退修時都可以慶祝的，我們將會談及。我們在小組退修營中所用的題目，也可應用於夫婦私下的退修中。為甚麼不嘗試以這些題目計劃一次退修？夫婦可以先各自回答題目，這已需時一個早上了；然後與對方分享答案，並為從中學習的重要功課一起禱告。本書可用於夫婦退修的指引。正如每種退修一樣，只要你確實計劃接下來的行動，這些題目的發現才真的有價值。

作為屬靈密友

1. 感謝上帝，因為我們都同樣……
2. 我(不是你)最需要改善，以致能成為一個更佳密友的地方是……
3. 我們可以一起改善我們的友誼，透過……

迎接配偶的靈性

4. 在我們的靈性中，最大的分別在於……
5. 在我們的婚姻中，我們發現彼此間有的地方是天壤之別，但卻又是好的，那是……

6. 在我與上帝同行中，我會感到更被你「接受」，如果你能……
7. 請為我在……方面的成長祈禱。

為配偶代禱

8. 一些為配偶禱告的建議：
   a. 為配偶在第七項的答案禱告。
   b. 用十五分鐘仔細地為配偶而感謝上帝。
   c. 求上帝告訴你祂怎樣在基督裏看你的配偶，然後求祂讓你看見你每天要如何改變你對配偶的看法。

一起禱告

9. 當我與你一起禱告時，我最感舒適的時刻是……
10. 我相信我們可以開始一起禱告（或進一步一起禱告），如果我們……
11. 要自在地與你一起禱告，我最需要克服的是……

醫治過去和現在

12. 在我生命中，最影響我們在基督裏共享生命的經歷是……
13. 我希望你為我內裏的醫治禱告，以這特別的方式……

一起討論上帝的旨意

14. 我相信我們已經在這些方面……經歷主作為我們的引導。
15. 我們必須一起為上帝進一步的帶領禱告，這些地方是……

一同事奉上帝

16. 我們最能一同事奉上帝的範圍在……
17. 基督徒的服事和事工會在我們的關係中造成傷害，這些地方是……

一起在上帝的榮耀中生活

18. 我希望在我們的婚姻中榮耀上帝，透過……
19. 請幫助我敬拜上帝，藉著……
20. 讓我們一起敬拜上帝，當我們……

註釋：

1 Henri Nouwen, *The Genesee Diary: Report from a Trappist Monastery* (Garden City, N. Y.: Image Books, 1976), p. 48.

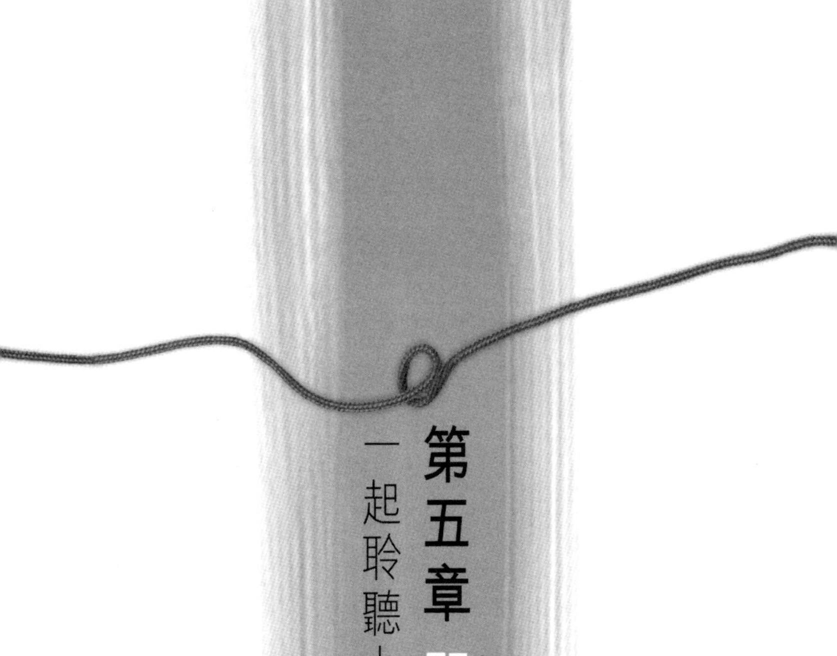

第五章 閱讀

一起聆聽上帝

決定是否要看見，就簡單如張開或閉上眼簾；事實上，我們只要不閉上眼簾，就幾乎可以看見視野範圍內一切的景物。然而要決定是否要聽見，卻是關乎內心的複雜問題。即使我們的耳朵「大大張開」，我們也可以把不願意聽見的信息篩選掉，或把所聽見的改成符合我們的期望。我們很容易就可以對挑戰我們自尊和幻境的聲音，充耳不聞。

閱讀是對我們在這方面有幫助的操練。當夫婦一起閱讀，不單一起接觸相同的內容，更學習聆聽上帝和配偶的聲音。在這一章，我們會探討發展這門操練的三種方法。

分享屬靈閱讀

一起閱讀一本引發深思的書，可以是婚姻豐富的資源。當孩子還小的時候，姬爾習慣在星期一的晚上熨衣服，而那就是我閱讀部分我們要一起閱讀的書的時刻。現在孩子們都長大了，有其他更合適的時間。對一些夫婦來說，即使每次閱讀一章的部分，已經是一個好開始。

讓人有深入分享的書包括章伯斯(Oswald Chambers)著的《竭誠為主》(*My Utmost for His Highest*)、勞倫斯(Brother Lawrence)著的《與神同在》(*The Practice of the Presence of God*)、潘霍華(Dietrich Bonhoeffer)著的《團

契生活》(*Life Together*)，和一本非常好的新書，就是新教徒梅麥克(Mike Mason)所著、有關婚姻靈修學的《比翼雙飛》(*The Mystery of Marriage*)。另一本超卓的參考資料是魯本喬布(Reuben P. Job)和諾曼肖查克(Norman Shawchuck)合著的《給神僕人的禱告指引》(*A Guide to Prayer for Ministers and Other Servants*)。這本書對全職事奉夫婦尤其合用，內容包括許多靈修材料。另一本專為事主的夫婦而寫的書，是盧雲的《建立生命的職事》(*Creative Ministry*)，此書把個人的靈命與公眾事奉連結在一起。唐波斯蒂瑪(Don Postema)著的《給上帝留空間：禱告與靈程的研究與實踐》(*Space for God: The Study and Practice of Prayer and Spirituality*)是一本方便的禱告手冊，內有精辟的聖經經文、反思問題和啟發思想的引文。

即使是你正在讀的這本書，也可以讓夫婦二人一起閱讀十星期以上，每星期一章。撥出時間往往不容易，然而一些日常的工夫如熨衣服或洗碗，都可以被轉化成夫婦時光。

要緊記：所選讀的書籍必須合宜。當姬爾經歷生產我們次女的陣痛時，我選了潘霍華的《追隨基督》(*The Cost of Discipleship*)中有關受苦、內容較沉重的一個段落讀給她聽(在醫院的候產室)。她歎息道：「難道你不可以在此刻選些較輕鬆的文章嗎？」

◎分享聖經閱讀

對於大部分夫婦來說，尤其是在要撫養孩子的階段，要實行每天一起讀經的操練根本是不設實際的。一些夫婦每個清晨較孩子早點起來一起讀經，實在是值得讚許的；另一些夫婦則在進餐時一家人一起讀經。另一個方法是，夫婦可以各自讀同一段聖經，然後分享從中所得的果子。

作為個人的操練，我發現麥切恩(McCheyne)的讀經日程是我用過最好的讀經計劃。[1]我得承認在我接受神學教育的整個過程，我沒有讀完聖經一遍，是多麼的可悲。透過這份讀經計劃，我現在每年讀完舊約聖經一次、新約聖經和詩篇各兩次。這計劃的優點在於讓使用者在同一時間內，可連續讀聖經的四個不同部分。差不多每個從創世記一直讀到啟示錄的人，都會在利未記被堵住了。這計劃讓讀者每天廣泛接觸聖經。在我的經驗中，沒有一天是沒有被四段經文中的至少其中一段所提醒的。每星期分享一次這種閱讀，是一種有效的操練。一些教會為會友提供讀經日程，夫婦也可以用那些日程來操練。

◎分享聖經研讀

溝通最重要的守則就是：「不要講道！」這對於講道的人或教授講道的人來說，尤其難以接受；但這卻是一個有益的更正。因為最佳的學習方法不是接受教導，而是從個人經驗中發現知識。加拿大專上學生團契的資深領導卡西尼科爾(Cathie Nicol)有一次在等候公車時，想要憶起生命中聽過的偉大講章時，她的腦海一片空白。但當她開始回想自己在聖經中的發現時，即使公車到了，她仍沉醉在豐富的思憶中。大部分夫婦都會一起聽道，但這只是聆聽上帝話語的其中一種方法。另一種方法就是透過二人一起研經，分享從上帝話語中的發現。

市面上有數種研經指引，某些是特別為夫婦而設的。傅萊林夫婦(Alice and Robert Fryling)合著的《夫婦手冊》(*A Handbook for Married Couples*)，內容涵蓋了婚姻生活中的大部分重要題目，並有一些聖經註釋。蓋時珍(Gene A. Getz)的《白頭偕老知多少》(*The Measure of a Marriage*)除了有這些內容外，還有不少與現實婚姻生活有關的問卷和選擇題。司轀道(Charles R. Swindoll)的《重修舊好》(*Strike the Original Match*)附有為夫婦設計的研讀指引，更詳盡地建基於聖經的教導，而且特別提及饒恕。IVP出版、雷帕森夫婦(James and Martha Reapsome)合著的《美滿家庭個人小組查經材料》(附帶領手冊)(*Life Guide Bible Study Marriage: God's Design for Intimacy*)，是我找到惟一以歸納查經法(這有助你找出經文所説的，而不是以經文來支持自己的見解)來研讀聖經的夫婦研經指引。此書包括新舊約聖經中，有關上帝設計婚姻的段落。

這一章內的兩個夫婦研經指引，卻採取不同的方針。我們將研讀聖經中的兩段婚姻，從有血有肉的個案中學習。很多時候聖經透過真人真事來傳遞上帝的真理，有時候這些故事讓我們看見該怎樣做，即使經文沒有明顯的教導。

要找一本談及婚姻中任何題目的書——性生活、改善聆聽技巧、愛的表達和處理衝突，並不困難，書室裏的架上滿是有關婚姻的書。然而要尋找合適的聖經研讀指引，就更形困難了。夫婦稍作討論，有助找出雙方都希望面對的特別需要，然後選擇最適切你們需要的研讀指引。如果你們沒有特別的需要，可選用雷帕森夫婦的指引，因為它包括了大部分婚姻的主題，並附以清楚的聖經根據。假如找不到任何針對你們特別興趣的研經指引，何不按你們希望探討的主題自行研經？你們可以各自研究，然後一起分享成果。

不習慣一起閱讀的夫婦，會尤其欣賞研讀指引的價值。透過強調歸納查經法，夫婦二人在聖經知識上的差異就不會有很大的影響。如果夫婦其中一人曾受神學訓練，無可避免這人必定有向對方傳道或教導的傾向。假如在查經時，二人集中在「實際上經文在說甚麼？這段經文到底有甚麼意思？」和「作為夫婦，這段經文到底對我們有何意義？」這些問題上，上述的情況就能減低。

一些夫婦可能發現寫下他們自己的研讀問題，或替教會預備研經指引，是一起研讀聖經的好機會。他們可以個別研讀一段經文，然後夫婦二人一起研究。記下討論問題可讓他們有機會查考出經文的信息，並應用於他們的婚姻中。與另一對夫婦一起研經(使用一份預備好的指引)是一個好開始，這尤其能推動夫婦先作預備或選擇小組形式的查經。當聽到一位輔導員指出大部分夫婦都在婚姻有需要接受輔導五年後才找輔導員，我們教會中一對夫婦決定建立自己的婚姻，也早五年向朋友伸出援手！他們同意每周四傍晚一起研讀聖經，也邀請鄰居和朋友參加(無論他們是否基督徒)。他們會說：「蒂姆和我打算下星期開始每個星期四傍晚，用一份研經指引來培養我們的婚姻，為期八個禮拜。如果你願意參與，我們非常歡迎你到我們家來。無論如何那些晚上我們都會在研讀的了！」一些夫婦果然參加了。

然而，誰來帶查經？諷刺的是像夫婦一起禱告一樣，這絕佳的資源可能因家庭政治、權力鬥爭和妒忌我們配偶的力量與恩賜而變得複雜了。在下文我會表白丈夫並非家庭中的屬靈領導或獨一的祭司，我希望為家中屬靈領導地位、祭司身分和職事的全然平等而申辯。夫婦一起閱讀是經驗全然伙伴，而非領導——輔助模式的理想機會。二人可以輪流帶領，或同意由較有信心的一方開始，另一方稍後再接力。帶領只有二人的小組最後會發展成二人的對話，這就是原來要達到的目的。透過獎勵對方的貢獻，就能彼此大大建立事奉的能力。一份包含恰當問題的研讀指引，容讓差不多每個使用者都能成為研經組長，因為你只需把問題讀出就能解開經文的部分。這帶來分享和應用，就是婚姻成長的關鍵元素。何不也嘗試這操練呢？一些夫婦可能認為先分享屬靈閱讀，然後一起讀經，最後才一起研經，會來得比較容易。我提供研經的一個範例，因為這是最吃力的；對某些人來說，研經也可以是一個合適的起步點。

比爾和伊蘭娜計劃用以下簡單的問題，來作每周的聖經研讀。他們把星期四撥出，閱讀簡介（下文）和經文（創二4～20），然後互相分享所得著的。

夫婦研經範例：高素質時間——亞當和夏娃

創世記一至三章有關亞當和夏娃的記載，讓我們穿越文化，來到上帝的樂園中。這是上帝的心意。因此耶穌和保羅都看創世記二章24節為上帝對約中婚姻的描述：「因此，人要離開父母，與妻子連合，二人成為一體。」然而我們的研讀會集中在這豐富故事的另一面：時刻經驗上帝的同在。

1. 讀創世記二章4至20節。這段經文記載了男性獨個兒在創造中。上帝怎樣讓亞當認識祂？

比爾認為在無罪的樂園中以無罪夫婦的身分，開始一段婚姻，必然是美妙的。亞當和夏娃有不可思議的特權，得以與上帝直接對話。為此伊蘭娜戲謔：「無論如何他們後來也失去這特權啊！」

2. 雖然上帝賦予人類管理其他次要創造物的權利（創一26～30），上帝在亞當心裏創造了他對同類的渴望，就是與他相同的另一半——夏娃。亞當的「最終」和「這就是」是人類第一首詩歌，是聖經中第一個敬拜的行為（創二23）。為甚麼這供應會帶來對上帝的敬拜和感恩？

比爾說在他常為伊蘭娜而衷心感恩的當兒，他需要這即時敬拜的榜樣。他真的為了有一位能與自己分享一切的伴侶而感謝上帝。伊蘭娜懷疑如果他回到家裏，發現一個沮喪和在飲泣的夏娃，他會否有相同感覺！

3. 亞當和夏娃沒有禮儀、沒有聖殿、沒有聖經、沒有特別安排的禱告時間。在缺乏一切我們認為不可少的幫助下，他們怎樣享受上帝的同在？

伊蘭娜認為這問題引發他們追求一個深切的需要。人很容易用一種宗教的儀式，去代替每天與上帝的重要關係。比爾建議用簡短的禱告來開始並結束每天的生活，是很有幫助的。

4. 讀創世記三章1至24節。撒但的試探如何妨礙夫婦二人緊密的相交？這次試探為他們在上帝面前的夫妻關係帶來甚麼影響？他們的婚姻靈旅受到甚麼影響？

在伊蘭娜朗讀完創世記三章1至24節後，表示原來撒但正積極地讓他們忽視上帝在他們日常的關係中，這是何等重要的發現。比爾說這發現有助他解釋為甚麼有時候他難以鼓勵伊蘭娜與上帝同行，並把她在禱告中交託上帝。

5. 你們現在學會了在生命遇上相同風險時，一起敬拜上帝嗎？思想如何並在何時你們開始這樣敬拜上帝。

比爾和伊蘭娜花了很多時間討論這題目。比爾的背景讓他強烈分割聖潔和世俗，對他來說，周日和周一是沒有任何關係的。他請求伊蘭娜為他禱告，讓他能夠嘗試一點點的分享活動，像在晚上照顧孩子，作為敬拜的行動。伊蘭娜也在這範圍內分享了一些需要。他們得出一個結論：亞當和夏娃不單是我們「過去」的寫照，亞當和夏娃在犯罪前更是我們朝向基督的未來的圖畫。

付諸實行

接下來的研經指引，可以成為某個議定晚上的夫婦研經材料。當你照著行，你一定會因自己的發現而感到驚訝。

有關靈命操練的夫婦研經：參孫和大利拉。有時候聖經會用一些負面例子來教導我們，參孫和大利拉的婚姻悲劇就是一個例子。上帝特別呼召參孫作拿細耳人，是特別奉獻給上帝的，他一頭不剃的長髮就是這奉獻的記號。他被賦予強健的身軀，並受聖靈特別的恩膏。參孫在士師時代被上帝興起，那時以色列尚未有王統一全國。在參孫的婚姻中，缺乏屬靈操練的分享成為他的禍根。

1. 讀士師記十六章4至22節。參孫娶了不同信仰的妻子，已斷絕了任何相交的可能。大利拉用了甚麼方法，去查探參孫的屬靈祕密？
2. 當參孫的髮髻被剃除後，聖經記載「他卻不知道耶和華已經離開他了」(20節)。在甚麼情況下，夫婦會失去屬靈的生命和能力，卻仍然以為自己活在主的旨意中？你的婚姻曾有這樣的經歷嗎？
3. 即使參孫娶了非利士人的女子，「行在上帝的旨意外」，那被默示的歷史家仍說「這事是出於耶和華」（十四4），因祂把參孫的決定，編造在祂的旨意中，為要救以色列人脫離非利士人的轄制。請讀士師記十六章23至31節。在參孫臨終的時候，上帝在他身上有甚麼救贖的啟示？

4. 與配偶討論彼此可能會怎樣不經意地破壞對方的個人屬靈操練，卻偽裝成渴望得到對方更多的愛（十六15）。怎樣可更直接照顧自己的需要？你可以怎樣更有效地支持你配偶在屬靈生命上有長進？

註釋：

1 你可以從The Banner of Truth Trust, P.O. Box 621, Carlisle, PA 17013, U.S.A. 取得McCheyne的每日讀經日曆。

第六章 事奉

密切配搭的事工

追求在婚姻中達致團契，是國際性和跨越文化的渴望。非洲人的婚姻有時候被誇張地描述為「有機性」的，重視繁衍後代和生存的任務。我曾經要求在肯雅的一些學生，填寫一份有關他們希望如何被配偶所愛的問卷。我解釋說：「在北美我們稱這些為愛的言語，因為實在有太多言語以外的方法可以用來表達『我愛你』，丈夫和妻子向對方提出自己想要得到的愛的表達方式，十分重要。」

那些正在受訓的非洲牧者，不分男女，都列出以下兩種從配偶處得著愛的最佳表達：「為我們的生命與配偶**一起**禱告」和「選擇我們可以一起參與的基督教事工」。這甚至比觸碰的語言更為重要！然而，我設計的問卷也浮現一個嚴重的問題。

他們問：「瓦利莫(班圖人語「老師」的意思，雖然我的肯雅學生私下叫我「禿子」，叫姬爾為「禿子的老婆」)，我們作為牧者的怎樣可以同時做個好丈夫或妻子，並好父母？」

我們燃起煤油燈，就著這大地上教會中的關鍵問題促膝夜談。年長的牧者接受的教導是，跟隨耶穌就必須「憎恨父母和妻子」。他們大部分都要服事一大片地區，靠步行或自行車往返，大概牧養八至十家教會，每星期根本不可能有多於一個晚上回到家裏。他們大多把家庭留在國家某一個農莊裏，牧者則以跨文化宣教士的身分到數百里以外別的部落地區事奉，每三至四個星期才回家一次。我未曾遇見過為這安排感到滿意的人，但這卻是非洲基督教的普遍定律。

「但你一直教導我們，瓦利莫，一起服事上帝是通往上帝的道路。我們經常分隔著，怎能一起事奉呢？」接下來是一段仔細的討論，看如何切實地發展密切的配搭，就是我們現在要探討的問題。我一直為肯雅下一代的牧者禱告，希望他們能經歷共同事奉的操練。

平等的事奉

對已婚的基督徒來說，事奉一般必須由雙方共同分擔。**當上帝呼召一對夫婦起來事奉時，二人都必須聽到呼召**。要一方降服於另一方的呼召，是錯誤的。如果一方有所猶疑，另一方就必須等候；在等候中也可以有很多作為的。

可惜薩姆對休的保留並不敏感，他相信婚姻比事奉次要，而他感到上帝呼召他往外地事奉；但休卻沒有同感。薩姆把呼喊掙扎著的妻子，拖進崇尚父權的伊斯蘭文化中，使她更感痛苦。起初，他們的孩子欣然接受父親的「犧牲」，這對休來說就更像屠殺一樣。但當孩子漸漸長大，他們開始憎恨上帝，要求他們所愛的父母付出這麼極度的順服。薩姆在嘗試拯救世界的同時，他已失去自己的家庭；到了最後，他開始問：

「到底我得了甚麼？」

耶穌在祂的時代也曾在猶太文化中提及這課題。當時各耳板（*Corban*）是一種普遍的做法，就是人可以取巧地向聖殿奉獻金錢，來代替他們奉養父母的責任。與此同時，奉養父母的金錢就可以留作己用（可七6～13）。耶穌說：「這就是你們廢棄了上帝的道。」祂也可以輕易地，舉出人為了教會、為了世界的服事而犧牲自己的家庭作例子；耶穌從來也沒有要求祂的兒女去作這樣的犧牲。

在《靈友》中，西妥教團僧侶瑞沃爾士的伊爾雷德這樣形容：

> 第二個被造的人類出自第一個人類的肋骨，是何等美妙的安排！以致大自然會說：人類是平等的，而且一直以來都是並肩的，在人類交往中沒有優次之分，這正是真正友誼的特性。[1]

我們可以把瑞沃爾士的伊爾雷德對亞當和夏娃的描述，應用於夫妻在事奉上所享有的平等。[2]

這點對矚目的基督徒領袖來說，尤其重要，他們的配偶常常感到自己像不重要的助手多於有份參與的同行者。當夫婦互相爭風頭，或一方妒忌另一方的魅力或其他優點時，事奉只會帶來反效果，甚至他們個人的事工也會受影響。我並不是建議每對屬上帝的夫婦凡事都要一起作——那會叫人感到窒息的。然而，他們選擇一起作的事情，必須是兩人都完全感到有此需要的。無可避免一定會出現分歧，那時候較有影響力的一方就有責任**鼓勵**另一方，公開和私下肯定他們選擇一起事奉的原因。這是有深切意義的，我們接下來會探討這一點。

可惜平等的原則，並不是普遍被接受的。魯益師辯稱一個穿著男性制服的男人，必然是教會的領導，因為上帝是男性的，而教會——基督的新婦，是女性的。因此，只有男性才能代表上帝面對教會。[3]然而，這論點是值得懷疑的。

如果只有男性能代表上帝面對教會(一個本身可被推翻的觀點)，則只有女性才可以代表教會迎向上帝。如此當基督的新婦向上帝獻呈讚美和感恩時，只有女性才能帶領教會崇拜；也只有女牧者可以在聖餐或主餐桌前，施行聖禮，即集體感恩的至高代表。這樣，該討論就不攻自破了。

然而，假如男與女密切地配搭事奉，各自獻出其性別的特性，讓共同的事奉更為豐富，那豈不是更好？

個人來說，我覺得婦女在尊嚴上是平等，但卻在政治和事奉上從屬於男性，這說法是沒有說服力的，也誤解了耶穌在新約中的整全工作。[4]丈夫和妻子，就像本章末的查經資料中的亞居拉和百基拉，配搭事奉上帝——而非一個作領導，另一個作從屬。

一起帶領鄰舍查經、攜手教導主日學或在公共援助處關懷一個單親家庭，均對婚姻的靈程有額外的幫助。配偶要學會用新的方法彼此欣賞，也學習了互相倚靠。透過關心家庭以外的需要，他們能走進更深度的團契。然而，在性別靈程上迎接那種互相倚靠，對夫婦來說卻又是一種複雜的挑戰。

迎接性別靈程

我記不起是甚麼時候我開始對異性產生興趣，但應該是很年輕的時候。在幼稚園裏，我坐在瑪莉的後面，她是個有長長金色辮子的活潑女孩，她的辮子長及我的桌面。某一天，老師給我們剪刀剪紙，為了首次嘗試獲得女性的注意，我決定剪下瑪莉一條辮子的四吋頭髮。我立即獲得瑪莉的注意，也很快被老師罰留堂。

我漸漸學會更多慶祝兩性分別的交往方法，但我們要處理的問題是——叫我們感到困惑的性別分歧，是否也與靈命分歧有關？靈程可有男女之分？

這是一個不自量力的課題。我們會較易接受那些報告，指出男女一切非肉體的特徵，都是受文化影響而非天生的。最終在每個受精卵裏，四十六條染色體之中只有兩條跟性別有關。眾所周知，每個男人和女人都有不同數量的男性荷爾蒙和女性荷爾蒙。一些研究指出社會把男性定型為好侵略的、獨立、沒有情感、富邏輯性、直接、愛冒險和具野心的；而女性則是被動、富情感、倚賴、競爭性較弱、無目標、順服、宗教性和需要安全感的。[5]

但回應每個這樣的研究，都有另一研究指出男女確有天生的分別，讓兩性發展出獨特的靈程。男女的分別和互補，不單在身體上，也在他們的心理和靈性上。我們的身體不是我們人格的附加物。我們**是**肉體；我們**是**魂；我們**是**靈；我們是整合的整存個體。因此我們的性別異處不單在於肉體上；然而要嘗試界定那分別，卻又是另一個問題。

祈克果（Kierkegaard）堅稱女性的性別特徵主要表現在她的委身上。[6]這會否也解釋了女性平均比男性更樂於在教會事奉？還是我們把信仰簡單地解釋為：未能吸引雄心壯志和以行動掛帥的男性？

當盧雲入住一所特拉比斯特會修院七個月後，他發現了自己靈程中的性別。

> 聖若望歐德（John Eudes）（修道院院長）讓我看見自己的情感生活是何等的男性化，在我內在生命裏是何等的以爭競為中心，而我女

> 性的一面是何等的未得發展。他告訴我聖伯納德(St. Bernard)毫不猶疑地稱修士的工作是女性的工作(與世俗中神父的男性化工作相比)，讓修士(abbot；來自「阿爸——父」abba-father)維持他那母親的責任。[7]

盧雲在反省羅馬天主教傳統中聖母馬利亞的地位時表示：「馬利亞助我再一次與自己內裏善於接納、默觀的一面接觸，以平衡我具一面倒的侵略性、懷敵意的、操控的、爭競的另一面。」[8]

在威斯敏特基督教靈程學辭典(*The Westminster Dictionary of Christian Spirituality*)中，諾霍爾(Nor Hall)在一篇文章裏探討我們對基督的回應，是否受性別控制。

> 女性的上帝經驗是獨特的，卻並非與男性經驗分割……彼此喚醒對方對基督的回應的重要元素……女性身體上的經驗，對了解她給上帝的回應，有內在的功效。女性在生理上有生育者和生命賦予者的角色，因此她的一生就是為了預備生產，和接下來養育她生下的子女。沒有女性——無論她曾否生產，她的心理、魂與靈，可以脫離這身體定律的影響。[9]

我曾經聽一位烏拉圭女士在北美向一個女性研究小組，談及女性靈程這課題。她提醒組員們，作為女性，她們擁有三樣男性缺乏的東西：乳房、子宮和每月一次具體體驗生命是來自流血的月經。「子宮是生命的空間，」她說，「血在歷史中有一種語言，在人類成長中有一種等待和盼望的意識。乳房是提供養料的。因著她們的身體，婦女可以就討論上帝奧祕和教會事工，提供新的說法。」[10]

這樣說來，祈克果將女性靈程歸因於女性的委身——而並不是傳統觀念認為緣於婦女的非理性和直覺，這說法並不為錯。諾霍爾就此一點建議說：「婦女靈程學同樣適用於男性和女性，其特色就是在帶來生命的本能中，含有互相接納、情感共鳴、等待或專注、接納痛苦等。」[11]無怪乎，耶穌的母親馬利亞經常被視為默想的典範。

然而，有待揭示最大的神話，就是認為婦女在屬靈上較男士軟弱，而且較容易犯罪。這是基於對彼得前書三章7節「比你軟弱」一詞錯誤的理解，認為這是說婦女在「所有層面上也比較軟弱」。其實，這只是指身體特徵而已。這觀念也緣於對提摩太前書二章12節作出一種離開經文背景的解釋，保羅建議婦女不應該講道，也不許她管轄男人：「我不許女人講道，也不許他轄管男人，只要沉靜。因為先造的是亞當，後造

的是夏娃，且不是亞當被引誘，乃是女人被引誘，陷在罪裏。」(提前二13～14)

正如我在《恩愛夫妻》(*Married For Good*) 一書中指出，保羅不過論到在婚姻關係中丈夫的先後次序(先後次序並不是法則)。然而，他並不是說所有婦女都會是首先被引誘的。在以弗所，即保羅書寫提摩太前書的對象，這情況不過是伊甸園禁果事件的重演——女人首先被假教師引誘，繼而使丈夫離開正路(提後三6)。然而，保羅從沒有指出婦女經常都會是這樣子的！在這嚴重的情況下，保羅禁止婦女對任何人作教導，甚至包括其餘的婦人或小孩。因此，他使用了一個強烈的詞：「轄管男人」，意即是作「領導者」或作「鎮壓」。

有時候，猶太人解釋舊約聖經，竟具體地破壞具福音意味的傳統。我曾經聽聞一名正統拉比贊成應該將婦女從會堂崇拜中分離出來，置她們於會幕後的位置時，提出令人驚奇的論點：「婦女並不是屬靈上軟弱，相反，她們在屬靈上較優勝。根據創世記第二章，夏娃較亞當晚一點被造，因此，婦女更接近安息日。因夏娃是從男人而出，並不是從塵土而造的，她們屬靈的本質上更為純煉，較少需要會堂的事奉。」[12] 然而，最困難打破的神話，就是認為只有男人才可以反映上帝。

上帝男性和女性的形象

聖經其中一個保存良好的祕密，就是**聖經同時使用了上帝形象的男性和女性角度**。創世記一章27節陳述了上帝的創造：「上帝就照著自己的形像造人，乃是照著他的形像造男造女。」我們得承認聖經是有其男性主導的背景。這在新約聖經來說尤其真實；因為新約基督教正要處理其他神祕宗教的反動，說在天國裏神明互相交合。[13]

聖經沒有鼓勵我們視上帝為母親。然而，相信聖經的基督徒不能忽略舊約多處地方，指出上帝內在的女性特質。上帝是「助產士」(詩二十二9)，是世人可以投靠其翅膀的飛鳥(詩三十六7)，上帝同時是「主人」和「主母」(詩一二三2)。希伯來「同感」(*rachmim*)一字指上帝有如母親般慈愛的意思，也代表一具培育性質的子宮。在以賽亞書四十二章13至14節，上帝同時被視為戰鬥的勇士和因產難而氣急喘哮的婦人。

鑑於新約聖經較少有上帝女性形象的描述(除了在馬太福音二十三章37節著名的一段「母雞」的經文)，教會又一直偏向只接受上帝的男性形象，李卓(Kenneth Leech)指出，以上帝的母親(聖母馬利亞)來代替上帝作為母親這被忽略的一面，是十分容易的，就是以高舉馬利亞來替代聖經裏沒有提及的這個層面。因此，若說上帝是我們的主，同時是我們的父親和母親，是更準確地符合聖經原則的，雖然我們應該繼續稱上帝為我們的父親。[14]

共同服事的原因

縱然上帝的父親形象有其一定優先性，我們仍需要看到男性和女性都能反映上帝的形象。這是說，**人類能夠反映上帝的形象必須具備兩種元素：男性和女性**，這是互為表（身體的）裏（屬靈的）的。創世記使用「幫助者」（二18）一詞，較佳的翻譯是「幫助他的另外一半」。每人都是彼此幫助，好使對方更完全地表現和表達上帝的形象。若每個人個別地只有男性或女性的身分，都不足有上帝的形象。男性若從女性的關係中抽離出來，便不能表達上帝的形象，只能成為偶象而已。女性若缺乏與男性的關係，情況也是如此。夫婦一同事奉是何等奇妙的機會，得以表彰上帝完整的形象。

范尼雲（Jean Vanier）是一個致力為智障人士建立社羣的加拿大人，他說：

> 女人可以為男人帶來最豐富的特質是：「誠心、溫柔、敏感。男人因而變得更具風度、更感性、更具決定力。他更多向人開放。女人喚起他的美善，正如男人可以喚起女人最

美麗和女性的一面。男人和女人是雙方的鏡子；彼此不同之處正好反映給對方看他／她的模樣。[15]

在這句簡單的句子以後，我們也不打算再進一步討論這個互為補足的說法。我們正陷於一個奧祕的冰山一角。

在哥林多前書十一章1至10節，保羅花了極大的努力，去建立基督徒羣體中兩性之間彼此不同的重要，並維持兩性正常關係的方法。[16]然而，在第11節中，保羅似乎將爭論點轉換至元首問題，當他論到在基督裏較性別之分來得重要。「然而，在主裏，男女互相倚賴，彼此需要。」**在基督裏，男人需要倚賴女人**！然後，他更指出即使在本質上，也存有這種逆轉的依賴：「男人是從女人生的」(12節)。他總結說：「萬物都是從上帝來的。」

因著這經文強調要維持彼此的不同，卻又發展出彼此依賴，我個人相信基督願意我們不但朝平等事奉發展，更是完全的合作。這不但適用於教會領導，甚至是簡單的事奉如夫婦一同帶領查經也一樣。平等強調相同和交替；完全的合作卻指出，彼此的不同可以互相欣賞、慶祝。當婦女堅持否認其女性特質，正如哥林多婦女拒絕蒙頭巾，保羅說她們將喪失生命的整體性。她們不再是上帝形象的榮耀。他指出，當女人與男人有正確的關係時，才可以有這種榮耀。倘若，男人拒絕其男性特質及其領導地位，保羅則同樣認為哥林多的男人因著未能與女人有正確的關係，因而失去他們的榮耀。今天，保羅也會這樣對我們說。

今天，若要有健康的性別觀念，這番話真是金石良言。一方面，我們有顯著的不同，這些不同卻不應在基督徒羣體中被塗污、模糊或減少。男人應該按其本位禱告、事奉和生活；女人也應該按其本位禱告、事奉和生活。杜尼耶在其最新著作《女性的職事》(*The Gift of Feeling*；原本法文版的書名是*La Mission de la femme*)提及這情況。他相信女人對男人有一個使命，因著上帝的緣故，女人不應該嘗試成為男人，男人也不應該嘗試成為女人。魯益師將兩性關係比喻作弓和弦；兩者需要互相配合，才可以奏出正確的音符。

范尼雲提出在我們充滿傷害的社會中，這種正確的聯盟具有一定影響力：

> 我確信我們的社會實在需要男女之間的復和，才可以攜手同建社羣。大部分女人都行使著與男人不同的權力，是沒有優次之分的。在社區發展歷史的某些時期，男性較適宜肩負

責任，在另一些時期，則女性較宜擔此角色；
重點是雙方都不會單獨行使權力。[17]

在婚姻裏，男性和女性靈程都是必須的，以致在基督——上帝的形象(西一15)裏得以完全。在事工上，男性和女性都必須參與，共同向世界彰顯上帝的形象。透過一起事奉，基督徒夫婦有機會滿有榮耀地挑戰文化，他們所分擔的事奉是新創造的一個明顯印證。

事奉的配搭

共同事奉有如兩種藥物的協作效用，兩種藥物的效力彼此得以提升。這裏有多重的意思。二人總比一人好。然而，二者卻不只於二個獨立的人加在一起而已！肯和辛西婭明白此理，辛西婭描述他們操練二人共同事奉的經驗：

我和肯習慣一起教授主日學。我們二人深感到在這方面有恩賜，也深信學生是需要在活出真理的見證上，同時有男性和女性的模楷。在經年以來的教學中，我們體嘗了苦與樂。然而，我們仍能彼此扶持。有時候，我們需要處理因不同的步伐和期望帶來的衝突。曾經有八個月時間，因為人手嚴重不足的緣故，我們教授的主日學小組被分拆了，去教授不同的主日學班。結果卻是極糟的。此後，我們發誓不再分別教授主日學。

當我們在十個月以前遷至新居住的地方，我們逐漸停止了原有教會的事奉。如今，我們仍然尋索在新教會更有效事奉的範圍。其中一個可能性，就是由教會組成的夫婦家庭小組事工。雖然，我倆獲牧師邀請，從事婚前輔導的工作，我們不願意急於成就些甚麼。與此同時，我們共同分享的事奉就是代求：主日的時候，我們為所認識的未婚基督徒朋友禱告；星期五晚上，為若干個家庭禱告；在星期三晚上，我們則為自己的家庭禱告。有趣的是，不少好友竟認為我們開始不太熱衷「事奉」。然而藉著代禱，我們真箇投入事奉上帝和其他人。經常為別人禱告帶來的平安和喜樂是難以言喻的。

付諸實行

倘若你已經開始伙伴的事奉，第一至四的問題有助你慶祝和提升果效。倘若你考慮有甚麼可以一起作的，嘗試回答第五至九題。首先分開作答，及後才互相分享。

倘若你已經開始一同事奉

1. 我最喜歡與配偶一起事奉的範圍是……
2. 配偶的屬靈恩賜在共同事奉中的貢獻是……
3. 我在下列情況下，經驗到配偶性別的靈性，有助我們的事奉……
4. 在共同事奉中，甚麼危害我倆的關係……

倘若你想一同事奉

5. 我可以肯定配偶有潛質事奉的是……
6. 我認為有下列情況，是上帝藉著配偶來感動他人的……
7. 配偶性別的靈性，將會在下列共同事奉中有所幫助……
8. 在好些事情中，我發現與配偶合作事奉上帝是何等的喜樂（儘可能筆錄所有）……
9. 我認為在我倆共同事奉中一個需要處理的危機是……

以上的討論可引導就共同事奉的一些重要討論。若要有進一步的鼓勵，以下簡短的查經可以為屬靈操練提供新方向。這是在新約聖經中，一個關於隊工事奉的正面例子。

百基拉和亞居拉是一對著名的夫婦。他們與保羅一起織帳棚，是自我供給的宣教士；今天我們稱他們為帶職事奉人員。他們在三個城市裏事奉上帝：羅馬、哥林多和以弗所。聖經提及這對夫婦時，從來不會單獨提及其中一位的，而妻子百基拉的名字，更常被放在她丈夫的名字前。基於有關他們的資料並不多，我們姑且視他們為屬靈友伴的典範。百基拉與亞居拉常常在一起，他們一起服事、教導和牧養，並把上帝放在首位。

讀使徒行傳十八章1至4、18至28節；羅馬書十六章3節；哥林多前書十六章19節。並討論以下題目：

1. 你認為百基拉和亞居拉在夫婦共同的事奉上，要克服甚麼壓力和阻礙？
2. 從何得知這對夫婦是團隊式事奉（不是純粹領袖和支持的伙伴）？
3. 他們與亞波羅敏感的職事，就是團隊事奉的模範。有甚麼態度足以破壞他們如此和諧的配搭？又有甚麼態度是促進他們密切的分工事奉？
4. 從亞居拉和百基拉的榜樣中，你學到甚麼是可以適用於你自己的婚姻？你可以在哪一個特別的範圍開始實行？

5. 你認為你個人的性別靈程，怎樣影響你們一起的事奉？在懂得這些分別後，你能夠更明白你的配偶嗎？
6. 你認為你們最好在哪一方面一起事奉上帝？你會以甚麼行動來付諸實行？

註釋：

1 Aelred of Rievaulx, *Spiritual Friendship,* trans. Mary Eugenia Laker (Kalamazoo, Mich.: Cistercian Publications, 1974), p. 63.

2 另參Kenneth C. Russell, "Marriage and the Contemplative Life," *Spiritual Life* 24, no. 1 (Spring 1978): 48～57。

3 錄自Janet Morley, "In God's Image?" *New Blackfriars* 63, no. 747 (1982): 375; 轉引自Kenneth Leech, *Experiencing God: Theology as Spirituality* (San Francisco: Harper and Row, 1985), p. 374。

4 參Bruce Waltke, "The Relationship of the Sexes in the Bible," *Crux* 19, no. 3 (September 1983): 10～16。

5 例如：Donald and Inge Broverman, "Sex Stereotypes and Clinical Judgements of Mental Health," *Journal of Consulting and Clinical Psychology* 34 (1970): 1～7。

6 Søren Kierkegaard, *Sickness unto Death* (Garden City, N.Y.: Doubleday, 1954), p.183.

7 Henri Nouwen, *The Genesee Diary: Report from a Trappist Monastery* (Garden City, N. Y.: Image Books, 1976), p. 80.

8 同上，頁81。

9 Nor Hall, "Feminine Spirituality," *Westminster Dictionary of Christian Spirituality,* ed. Gordon S. Wakefield (Philadelphia: Westminster Press, 1983), pp.148～150.

10 Harriet Ziegler, "Female View Important to Theology," *Canvas,* no. 9,

World Council of Churches Sixth Assembly, Vancouver, Canada, August 4, 1983, p.1.

11 Hall, "Feminine Spirituality," p. 149.

12 在Hayim Haley Donin拉比*To Pray As a Jew: A Guide to the Prayer Book and the Synagogue Service* (New York: Basic Books, 1980) 一書，頁196～197中，對於有一個猶太男人的禱告說，感謝上帝並沒有造他成為一個非猶太人、奴隸或女人，拉比對此有激烈的討論。以下是他論點的部分引錄：

有些人將這感謝視為勉強接受次好的選擇，或對個人命運的一種接納。然而，當代一位具帶領位置的他勒目(Talmudic)學者Aaron Soloveitchik拉比，卻視這感謝為肯定婦女內在靈性是高於男人的。他說，上帝願意人類獲得神聖的靈程，就是同感和憐憫。婦女在天生的本質上，較男性接近這完全的程度。婦女被賦予憐憫和同感的恩賜。上帝祂不也自稱為*Rahum*，憐憫的那一位嗎？希伯來文亦是以*rehem*一字代表子宮(最能分別女人和男人的身體特徵，象徵著她的同在)，同樣與同感有相同的字源。因此，婦女可以自豪地聲稱，她們是按「上帝心意」而造成的。

另一方面，男人卻不能作以上的宣稱。男士需要被賦予佔領和征服大地的力氣和能量，男士卻缺乏天然的特質，來達致屬靈的完全。男人在屬靈上的起步點晚於女人，因此他們需要較多的鍛煉。因著*mitzvot*被視為純淨人靈魂和性格的方法，因此男人需要維持更多*mitzvot*，為著要朝完全邁進。

13 參Leech, *Experiencing God,* pp. 350～378。

14 同上書，頁353及366。

15 Jean Vanier, *Man and Woman He Made Them* (Toronto: Anglican Book Centre, 1985), p. 57.

16 哥林多前書十一章處理一個緊急的問題：維持性別的獨特性，我們亦可以稱之為性別的靈程學。保羅去信哥林多教會要處理的，是與解放在基督裏的婦女這具革命性的問題有關。猶大婦女從會堂背後，她們需要保持靜默的地方出來。如今，她們在聚會中禱告和作預言。然而有部分人，過急行使她們的自由，進到教會內即脱去她們的蒙頭巾。文化上來説，正如今天中東的地方，當時的蒙頭巾是順服丈夫的明證、婦女的象徵、婦女應有之合宜衣飾。倘若婦女不蒙頭，教會必成為公眾非議的對象。若以今天的情況來説，即等同男女進到教會內，隨即把結婚戒指脱去一般，即是説：「在基督裏沒有男人或女人之別……如同我們沒有結婚一樣。」

保羅認真、小心謹慎地處理過急自由的問題。這段經文對於今天現代社會的性別混亂，仍然有其重要的信息。當説在基督裏沒有男人或女人之別，這涉及順服的問題——正如不分猶太或希臘人、為奴的或自主的——**在基督裏，我們成為更完整的男性、和更完整的女性，是超乎社會所能想象的**。

保羅若要説男人在女人之上，他大可以説哥林多前書十一章3節的話，或許，他至少可以組織一個井然的階級制度——上帝是基督的元首，基督是男人的元首，男人是女人的元首——正如命令的秩序般。保羅並沒有列出一個階段制度的等級，他**與關係作比較**。他在這裏使用「**元首**」一詞指到「來源」，而並非「管治者」或「首領」。及後，保羅論到當上帝從亞當中創造出夏娃，他指出男人為女人的來源。上帝是基督的源頭，從父親而出而來，正如基督是每人在上帝生命中的源頭，男人是女人的源頭。

極端的婦女主義基督徒揚棄這「元首説」，是因為基督徒男士們將「元首」視為管治。他們的妻子雖然自以為順服，實際上是被逼服從命令，內裏開始埋藏著積怨。然而，「元首」是美麗的，這是説在上帝的創造裏是有秩序的，即使在上帝裏也是有秩序的。有異端説耶穌並不與父上帝同等，意味著上帝較耶穌具一定優先性，這優先性與平等有關係。然而，「元首」與不平等或次等沒有關係。**這是一種平等關係的優先性**，這是保羅在以弗所書第五章提到，保護、培育、愛和犧牲的優先次序。半男半女或階級制度並非必要二擇其一不可——完全的男女互助和同伴合作也可以考慮。

Kathleen M. Galvin和Bernard J. Brommel在其*Family Communications: Cohesion and Change*（London: Scott, Foresman and Co., 1986）一書

中（頁104～105），代表著現今心理學的主要路向，乃支持半男半女，在行為中同時具備男性化和女性化的元素——即同時具支配和順服、主動和被動、堅毅和溫柔。他們引用大量的文獻，支持半男半女之已婚伴侶，確能顯示出更能明白其配偶，因為他們集中在溝通的行為上，而不是堅持傳統的性別框框。

John A. Sanford採取一種較溫和的半男半女觀點，參*The Invisible Partners: How the Male and Female in Each of Us Affects Our Relationships: How the Male and Female in Each of Us Affects Our elationships(New York:Paulist* Press, 1980)。Phyllis Trible則採用一種較極端的觀點，參*God and the Rhetoric of Sexuality* (Philadelphia: Fortress Press, 1978)。

17 Vanier, *Man and Woman,* p. 54.

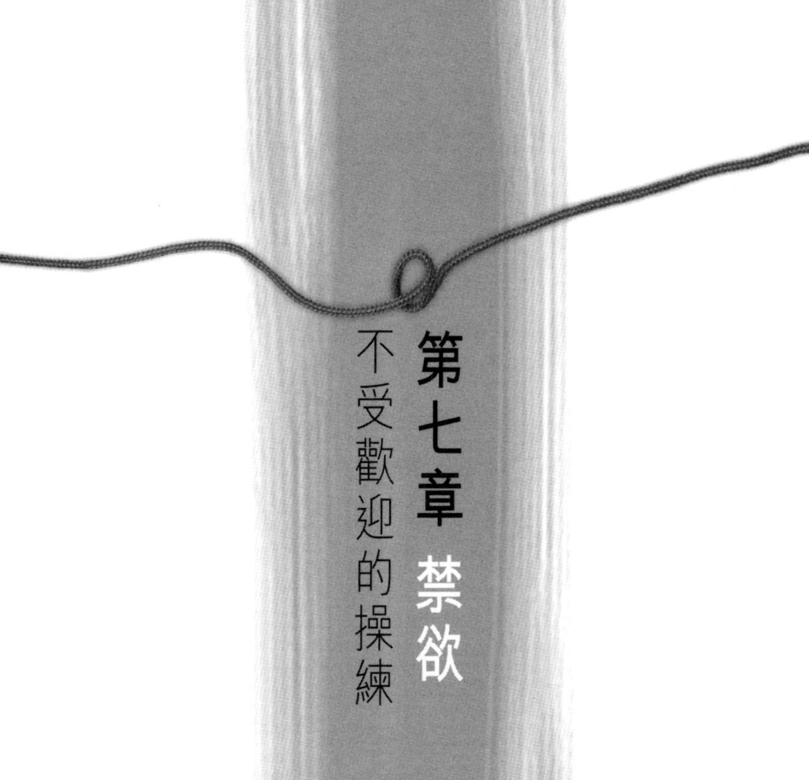

第七章 禁欲

不受歡迎的操練

我問婚姻班的學生，禁欲的操練有甚麼缺點。他們言不由衷地開玩笑說：「這會引來疣、關節炎、癌症和懊惱。」然而，若說到禁欲操練有甚麼優點，他們的答案大都中題：「這可以使我們更專心於禱告或其他屬靈的事情。然而，這應該是一種短暫和少數的經歷。」當我們討論的時候，我估計沒有人是自願實行這種操練的。為甚麼要實行呢？誰願意放棄性的權益？

上帝因祂的兒女在婚姻的床笫之間互相取悅而歡喜，那我們為何要禁欲呢？我們必須掌握保羅在哥林多前書七章5節的話：「夫妻不可彼此虧負，除非兩相情願，暫時分房，為要專心禱告方可；以後仍要同房，免得撒但趁著你們情不自禁，引誘你們。」這操練必須是**相互的**（「除非兩相情願」）、**短暫的**（「暫時」），和**有一定目的**（「為要專心禱告方可」）。這也是**危險的**（「免得撒但趁著你們情不自禁，引誘你們」）。

◎雙方同意：符合聖經原則的決定方法

夫婦若只有其中一方願意，仍不能實行禁欲的操練。這操練必須經過謹慎考慮才可實行，因為每位配偶也希望有一個反應熱烈的、有趣味的性伴侶；而不只是服從的一位——這與棄權無異。一位朋友曾說，當他擁抱妻子的時候，不單期望得著順服，而且是生命的奉獻！提議禁欲的一方，需要肯定知道他／她的配偶是否勉強接受，或因這提議而受到傷害。

禁欲的操練不但是新約聖經中惟一特別提出的婚姻操練，這也是給予我們夫婦二人下決定的惟一方法——**彼此商量**。在基督裏，丈夫並不是操控所有權力。性關係中應有的尊重和敏感，是需要夫婦二人一生學習的。

不幸地，宗教經常在上帝啟示不久以後，隨即加上一定的限制。因此，法利賽的猶太教就為出埃及記二十一章10節，男人和女人應該禁止房事多久的問題，提供了詳盡的方法來限制。以下是從猶太人生活和思想課本《米示拿》（*Mishnah*）節錄的若干段落，值得注意的是，當中關注的是妻子在性方面的權利和需要：

> 假若丈夫起誓不與妻子同房，薩買(Shammai)學派說：〔她會同意〕兩星期之久。而希流(Hillel)學派則說：一星期〔而已〕。〔聖徒〕的門徒會繼續維持三十天之久，對抗她們〔妻子〕的意願，特別是當丈夫正研讀律法；而當工人則一星期就可以了。在律法上需要履行**婚姻之義務**是：沒有工作的每天一次；當工人的一星期兩次；驢車夫一星期一次；駱駝車夫一個月一次；航海員則六個月一次。

以上的引文明顯對待業人士有利——他可以與妻子**每一天**履行婚姻的任務！《米示拿》另一處地方顯示若妻子拒絕其婚姻義務，她將受到甚麼的懲罰：

> 倘若女人拒絕丈夫的要求，丈夫可以每星期從妻子的補償金(*Ketubah*)(補償金是新郎答允在他死後或離婚時，需要給新娘的金錢)中，扣除七個銀元(*denars*)(兩個銀元等於一個銀子(*Shekel*)——一隻羊大概值兩個銀子)。猶大拉比說：七個小錢(*Tropaics*)〔四個小錢等於一個銀子〕。丈夫可以扣除的時間有多久？〔一段時候〕要視乎她的補償金的數目而定。喬斯拉比說：他可以不斷地繼續扣除下去；即或妻子從別處獲得遺產，丈夫也可以從中扣取。同樣地，倘若丈夫拒絕妻子的要求，她的補償金每星期可以增加三個銀元。猶太拉比說：三個小錢。[1]

可見，保羅在哥林多前書七章5節的說話，是何等的簡單，令人崇敬。禁欲必須是雙方願意的；夫婦二人必須同意有這樣的禁制。

◎短暫片刻：並不常有的操練

戈登費依(Gordon Fee)在其著名的哥林多前書

註釋書中，有力地指出哥林多前書七章5節的背景，並不是說哥林多信徒要受勸導，停止婚姻中的房事來專心禱告。事實剛好相反。[2]哥林多教會一向存有一種風氣，輕看性行為是不大有價值的，是屬於世界的事情，因著聖靈的臨到以後，這些事需要逐步廢去。有證據顯示，有些「末世的婦女」存在，她們自以為已經從死裏復活，如同天國中的天使，不嫁也不娶（路二十35）。這些超級屬靈的基督徒，視性行為是低等的東西。

這與羅馬天主教最近用以證明保守貞潔是崇高的生命取向，並強調神職人員守獨身的論調，十分相似。教宗若望保祿二世（Pope John Paul II）說：

> 在貞潔和守獨身中，人無論在身體上或精神上，都是等待著在末世中，基督與教會的婚筵……守獨身的人冀盼著身體在新世界裏的復活……貞潔和守獨身以獨特的方法釋放人的心靈：「讓人的心靈為上帝的大愛和人類燃燒」，見證上帝的國度和公義，相對於其他的東西，箇中的價值是彌足珍貴的……正因為這原因，教會在歷史中，一直以來都辯稱這操守較婚姻優越，基於其與上帝國度單一而整全的聯繫。[3]

「不可彼此虧負」(七5)，就是保羅對哥林多教會超級屬靈信徒的說話。因為性行為是美好、具聯合意味(六16)和神聖的；因著沒有人對自己身體有絕對的權利，房事並不是個人婚姻的權利，乃是這人的配偶的權利。這不是有待爭取的權利，而是付予他人的權利。正如戈登費依說：「保羅將性關係置於基督徒婚姻一個更高層次的位置，遠超其他文化，包括在教會中，一向視性為丈夫的權益，並妻子的責任。」[4] 更正這種超級屬靈的觀念，是提及禁欲操練的一個機會：「不可彼此欺騙或虧負，除非……」這不是一種命令或律法，而是一種例外，偶爾的情況下一種並不常有的操練。

我們應該從較高層面的性，來審視禁欲的操練，而不是一般較低的層面。范尼雲是一位獨身的天主教徒，他曾精辟地道出性行為的聖禮本質，叫我感到驚訝。值得摘錄如下：

> 雙方〔丈夫和妻子〕的關係是十分寶貴的，並不是限於兩個人，同時為了孩子、社會、上帝。聖父曾經應許，給予他們隨時的幫助，並使他們的婚姻旅途朝更豐富的合一發展。男人與女人這種聯合是神聖的，是帶著聖父、聖子、聖靈的形象的。這是人類聯合之首宗，也是所有人類聯合的基礎。

因此，男人與女人的聯合是一種聖禮，需要在教會面前宣布，並得教會的肯定。這是一種神聖的記號，由耶穌建立。這是與上帝會面的地方；祂與這聯合同在，並經常幫助夫婦二人。祂幫助夫婦可以從婚姻困難的地方得著益處……

夫婦聯合的基礎，在於聖父願意男人和女人，在祂三位一體的生命和仁慈的愛中，得以彼此分享，儘管雙方均有創痛，並有心靈和身體的貧乏……夫婦聯合含有聖餐的意義，因著這重尋的聯合，獻上感恩的行動。所以，生殖器官是神聖的。他們有著神聖的任務：同時為三位一體生命的記號，並生命的來源。這些器官必須用於有愛的生活中，並用於上帝應許和祝福的婚姻信約裏。在婚約以外使用這些器官，使男人和女人陷於個人的孤獨中。性行為非但沒有成為希望的來源和記號，相反成了人陷於沮喪的原因。這喚醒了人內裏最親密、最神聖、和最脆弱的東西，還沒有得到適當的填補，或一種被完全的愛來愛護的深層渴求沒有得到回應。惟有當耶穌同在的擁抱，夫婦之間的愛才能深入發展，帶來豐富的平安。他們內心並不是

> 渴慕激情的愛，也不是為了主觀的歡愉，而是一種完全和永恆的愛，可以使他們離開孤獨，進到聯合。[5]

因此，上帝並沒有告訴我們在婚姻中的性行為次數的頻密程度，相反，祂告訴我們只有在非常偶爾的情況下，才需要禁欲。正如聖靈的果子一樣，你可以向其他人自由地表達愛顧：「這樣的事……沒有律法禁止」(加五23)。一方面來說，我們不應攫取或付出太多——只要這是分享的愛，並不是欲。因此，這種操練並不應持久，「暫時」就好了。

專心禱告：有目標的禁欲

或許這種操練，正是某些讀者期望在《婚姻靈旅》這類書種必然包括的題目。討論婚姻中靈程建立的書為數不多，伊芙蓮(Evelyn)和占士韋特(James Whitehead)承認即使討論屬靈操練，即表示「將世界上的靈魂和肉體分割——這靈魂是神祕地不為人所見、屬於他世的，而肉體則是可見，卻幾乎不受管制的。當這種分割強要實行，靈性大多只能禁制人做愛，並不能成就甚麼益處。」[6]從事實來看，我們需要將禁欲操練和禁食操練的理由劃一——為要更專注於上帝這更高的美善，暫時放棄某些基本有益的活動。

保羅認為惟一要遏止婚姻中這正常「儀式」的原因，**純粹**是為了「禱告和禁欲」的緣故。這**不是**對犯錯配偶的一種報復行動、也不是為了更深入的靈性、也不是為了更多時間事奉。惟有當夫婦二人願意同心**專注**追求上帝，才可以實行這操練。

我期望小心處理此點，因為本書是以完整婚姻歷程為背景，討論婚姻靈程，**包括**性的範疇。上帝接受我們婚姻中**所有**的經驗、所有的世俗元素、**所有**的傷害和希望。當夫婦在愛中與上帝同在，性是神聖的。然而，有時候，因著更美的緣故，美好的東西也需要暫擱一旁。

很少作者能發展出一套完善的婚姻屬靈觀，同時融會了彼此的連結，並夫婦二人的性聯繫，而願意專注於上帝和他們的關係。[7]然而，保羅卻在哥林多前書第七章一處十分難解釋的經文中，給我們一些提示，這段經文討論到為上帝守獨身可取之處。他說：「從此以後，那有妻子的，要像沒有妻子」(29節)。保羅這句嚴峻說話背後的原因，是他願意信徒專心一意的向著上帝，無論是已婚的還是未婚的。

保羅對於已婚或未婚的怎樣一視同仁地委身事主的建議：視生命為服事基督和上帝的國的機會——與之相反的，乃視生命為獲取個人成就之途。我們可以**為上帝**而結婚，或**為上帝**而獨身，並非純粹已婚或未婚。對於**未婚**的人來說，無論是單身、曾經結婚或是將會結婚的，保羅要說：「不要作夢，婚姻不是上帝的國，你可以獨身的完全活出基督徒的生命，只要你完全為上帝而活。」對於**婚姻不愉快**的人，保羅會說：「不要失望。基督徒的生命不只有婚姻而已。為上帝而結婚！」對於**婚姻愉快**的人，保羅會說出最令人感困惑的話：「不要將愉快婚姻的祝福等同那位曾說：『虛心的人有福了……（及）清心的人有福了，因為他們必得見上帝』」的基督的祝福（太五3～12）。這是一種默觀式的婚姻，以尋求上帝居首位。

默想和默觀的分別可以使這一點更加清晰。**默想**可以指一種從世界的事，轉移專注上帝的事的過程。已婚的人應該有這一種默想的婚姻，使這種專注成為可能。然而，屬靈生活不只於默想而已，正如婚姻靈旅不只於基督徒繁忙的活動。

例如，我曾經聽聞一些建議，除非你認為與配偶一起，可以較獨身更有效地事奉上帝，否則你不應該結婚。然而，這觀點為婚姻滲入了功利主義的標準。婚姻不過是為了有效地在世上更多為上帝作工而已。當你的丈夫病了，抑或你與配偶其中一方不能承受某些事奉的壓力，或你從海外的事奉中因病回家，或你與配偶其中一方精神崩潰，你會怎麼辦？那麼，以事奉上帝為目標的婚姻不能再成立。

婚姻的奧祕較有效地從事基督徒事奉來得豐富。正如我們看見，婚姻關係本身含有上帝啟示的特質，是獨立於婚姻果效的。再者，這婚約的關係本身為親近上帝的聖禮方法。

要專心一意委身於主並不是專注於有關上帝的事情，乃是專注於上帝本身。因此，**默觀式的婚姻**開始顯得較為合理。默觀是指從專注於**上帝的事情**——事奉、活動、教義——轉移至專注於**上帝自己**的一個過程。人或許可以處於默觀狀態，同時享受性的歡愉，但有些時候——或許在作重要決定的時候——大家都要專注於上帝時，就需要禁欲的操練。在這情況下，默觀或許需要暫且擱下性的歡愉，專注於最大的美善，就是上帝自己。然而，這操練是帶危險性的。

防範撒但的試探：禁欲的危機

保羅在禁欲上的忠告是：「暫時分房……免得撒但趁著你們情不自禁引誘你們」是非常真確的。長時間禁欲是不正常的，保羅並不鼓勵這操練，因為性愛不是不聖潔或不屬靈的(雖然很多基督徒堅信此說)。在我結婚以前，有一位年長信徒曾對我說，真正愛上帝的人不會常常跟妻子做愛。保羅一定會反對——我也是。做愛的「屬靈」成分就是向配偶表達愛意和滿足對方的需要，不讓對方有藉口與較關心他的人發展婚外情。

讓我告訴你格雷格和辛西婭的幽默故事。他們參加了在我們城內修院所舉辦的「屬靈友伴周末」，期望立即嘗試所有操練（雖然我們沒有這樣建議）。他們實踐了為期兩天的安靜操練後（這絕對不是夫婦營的好活動），希望嘗試禁食。即使如此，他們仍感不足，於是他們開始不太普遍的禁欲操練。我必須強調這不是我們的教導，但他們希望如此。格雷格和辛西婭在入營前經過長時間緊張的工作和事奉，叫禁欲操練更不容易，甚至是不智之舉。他們的性生活一直以來都是稀少和敷衍的，拖延至每天最後，最疲憊的時刻；他們一直都給予對方下等的性愛。在營會中，他們入住眺望菲沙河谷（Fraser Valley）的優雅蜜月套房。現在他們有閒情來互相享受和一起禱告，然而他們還要實踐操練。夜漸臨近，格雷格按捺不住，開始寫字條給辛西婭。次日早上，他們給我看那些字條，叫我因他們那不能享受的安靜時刻引吭大笑。

格雷格首先寫道：「我想我們選了最好的房間，真不配得。」辛西婭拒絕回答。然後格雷格建議：「我們倒不如在下雨前、入夜前，或任何不幸發生前，出去散步。」

再一次，辛西婭持守沉默的操練。格雷格於是寫道：「我相信這地方快將沒有熱水，我認為在快將剩下凍水以先，洗一個澡吧。」數小時過去，格雷格身體的欲望又呈現了。「我餓了」他接著寫。「你認為我們偷偷走進廚房，拿若干麵包，即使晚餐時間已經過了？」辛西婭沒有回應。格雷格決定不要錯過明早三度菜色的早餐(最後諷刺的是，在眾多與會者中，格雷格睡過了頭錯過早餐，因發現只剩下一碗糖蘸生果圈而大聲吼叫，對於這樣一個重視健康飲食的人來說，真是一種侮辱！)然而，在筆記簿最後一句，大概是晚上十時寫下的，格雷格說：「抱我一下吧！」辛西婭說：「我知道你不能忍受。」她壓抑著。然而，總有其他更好的時候，實踐這種沒有人願意的操練。夫婦二人及後需要面對一個重大的決定。他們以一顆充滿愛的心來實踐這操練。藉彼此同意的一段短暫時間的禁欲，他們真能專心於禱告。上帝大能地與他們相遇。

付諸實行

分享在此章所學到，有關你們婚姻中性愛的地位。

回顧過去一次經驗，是你們如何實踐這操練，來幫助你們一起專心禱告。

目前或以後會有甚麼情況是你實踐這操練的好時機？

當配偶認為是操練的適當時機時，你希望他／她怎樣向你說？

一起分享如果要非自願實踐禁欲操練（例如：生病），二人怎樣利用此機會投入更密切的禱告生活，並藉其他方法來表達彼此的愛意，讓這次操練能變得更有意義？

註釋：

1 *Ketuboth* 5.6～7，載 Herbert Danby, *The Mishnah: Translated from the Hebrew with Introduction and Brief Explanatory Notes* (Oxford: Oxford University Press, 1933), p. 252.

2 Gordon Fee, *The First Epistle to the Corinthians* (Grand Rapids: Mich.: Eerdmans, 1988), pp. 266～283.

3 Pope John Paul II, *Apostolic Exhortation of His Holiness: The Role of the Christian Family in the Modern World* (St. Paul Editions, 1981), pp. 29～30.

4 Fee, *First Epistle to the Corinthians,* p. 280.

5 Jean Vanier, *Man and Woman He made Them* (Toronto: Anglican Book Centre, 1985), pp. 127～128.

6 Evelyn Eaton Whitehead and James D. Whitehead, *Marrying Well: Possibilities in Christian Marriage Today* (Garden City, N.Y.: Doubleday, 1981), p.13.

7 參Kenneth C. Russell, "Marriage and the Contemplative Life," *Spiritual Life* 24 , no. 1 (Spring 1978): 48～57。

第八章 服從

一起遵從上帝旨意

我和姬爾面對一個重大的抉擇：我們應否離開目前牧養的教會，找一份木匠的織帳棚工作，開拓新的使命？抑或上帝另有心意？我們只剩下數天作決定，就在這時上帝意外地給我在事業上一直追求的東西。[1]在我的生命裏，有三個事奉的目標：第一，在我目前事奉的教會中當牧師；第二，在某所加拿大大學裏作校牧；第三，在信徒訓練中心擔任教職。在我們決定性的那一星期，我不但收到大學校長的信函，邀請我申請校牧一職，更接到訓練中心的來電，商談執教事宜。兩樣都是**我的**機會——但這是否上帝在**我們**夫妻身上的旨意？

「……若是你們中間有兩個人在地上同心合意的求甚麼事……」(太十八19)

我們在考慮一個激進的選擇——任職所謂世俗的工作，然後在市內建立多所家庭教會。這並非我三個目標的其中之一。屬靈長者認為我們是發瘋了，警告我們不要摧毀自己的事業。他們說我們從事木匠工作和於小教會事奉，是「浪費」自己。我們的孩子還未到十歲，所以我們決定在這備受爭議的道路上，自己作主就夠了，尤其是這選擇可能會出錯。我們必須替他們承擔風險，把他們交在上帝的手中。年幼孩子無法肩負複雜或痛苦的家庭抉擇。(後來我們一家人作了另一個事業上的抉擇，因為假如要搬家的話，我們十多歲的孩子將會比我和姬爾更受影響。他們已經長大，可以幫助我們認清上帝對我們家庭的旨意。)

在二十年的屬靈友伴關係中，我們磨練出一個重要的屬靈原則：**無論其中一人怎樣相信自己得到上帝的帶領，如果所領受的不是上帝給我們二人的旨意，那大概也不是祂的旨意了**。所以我回信給校長，又回電拒絕訓練中心，並下定決心要遵行上帝在我們身上的旨意，而非單單對我的心意。

基督帶領夫婦是以**夫婦**為單位，不會單以丈夫或妻子個人為念的。服從的操練是夫婦一個屬靈過程，就如本書所述的其他操練一樣，為二人開闢通往上帝的道路。在現實生活裏，我和姬爾發現，這是一個複雜的過程。實際上，希望一起遵行上帝旨意的夫婦，都必須打破一些有關帶領的神話。

給夫婦有關帶領的神話

神話一：上帝在你們共同的生命裏，有一奇妙的計劃。計劃就像一項工程的藍圖，必須按部就班去完成。如果你未能完成其中一個細節，就可能要從頭開始。那些認為帶領就是找著「奇妙計劃」的人，在屬靈生命裏有一份自覺，察視自己是否行在上帝的旨意中。一個錯誤的行動，就足以叫人回到**開步點**，重頭開始！但有時候，你是不能再重頭開始的。這神話非常嚴重，尤其當人悲哀地為自己的婚姻下結論，認為自己錯失了上帝的計劃。但對我來說，另一方面的學習卻很有價值。

在我悔改的那個禮拜，我惟一記得傳道人所說的，就是一個謊言。那傳道人說：「上帝呼召我事奉祂，但我感到猶疑，所以上帝用祂的方法，叫我永遠也不可以上工場。祂使我遇上了摩托車意外，讓我現在有一條跛腳，因此每一個事奉工場都拒絕我了！」幸而我是被基督得著，而非被那傳道人得著。我卻時常想，大多數人都會憎恨而不是愛那永不給自己第二次機會的主人。試想像你因為一個錯誤的行為，就被貶低去過次等的基督徒生活，那會怎樣！我們的上帝有比計劃更好的東西，祂有一個**目標**。

按計劃行事和按目標行事的分別，就像依從街道圖走路和在激流中泛舟往下的分別。街道圖不會有多少變動的空間，也不容許有錯處。在激流中，人如果隨水流前進，任船飄浮，是可以有許多調遣空間的。上帝的目標，就是讓我們認識祂，並參與祂國度的來臨。要達致這目標，有很多可行的途徑。一個錯失——無論是真實還是假設的——都不會叫我們失去上帝在我們生命裏的旨意。

神話二：上帝的旨意是難以尋求的。不信上帝的人也這樣想，他們透過占卜和記號來得著指引。但對基督徒夫婦來說，上帝的旨意在聖經裏已經顯明。上帝的計劃是要在基督裏更新一切（弗一22～23，三10～11；啟二十一5），這比買哪一輛車或假期是否留在家裏重要得多。曾有人說，生命就像一個紙牌遊戲的三個部分：遊戲的規則、分發到我們手上的牌和我們如何玩那一局牌。

聖經稱遊戲的規則和分發到我們手上的牌為**上帝的旨意**。聖經也教導我們在生命的遊戲中憑智慧行事，並容讓聖靈引導我們使出手上的牌（詩四十八14，二十五9；箴三5～6；約十六13）夫婦所作的百分之九十九的決定，都是按著從聖經已知的上帝旨意，透過應用合理的判斷和禱告而作的。如果說要直接從上帝那裏尋找引導，就像一個不信的人多於基督徒。基督徒夫婦擁有比指引更好的——他們有一個帶領者。

神話三：上帝希望替你作決定。祂不會這樣的——儘管人懇切地求。許多夫婦懇切地求上帝控制他們，然後問為甚麼祂不聽禱告。我們的上帝非常尊重附有祂形象的創造，以致不會叫我們非人化。基督——我們的頭，希望祂的身體成熟、不會停留於不成熟的階段，所以祂拒絕替我們作決定，或操控我們的生命，叫我們成為生產線上的機械人（弗四13、15）。耶穌對門徒說：「以後我不再稱你們為僕人……我乃稱你們

為朋友，因我從我父所聽見的，已經都告訴你們了。」（約十五15）

如果上帝替我們作決定，姬爾和我就會感到責任得卸，但這卻奪取了我們作為耶穌的朋友的尊嚴。上帝對我們婚姻的期望，在地方教會來說，是要在基督、我們的頭裏成長（弗四15）。假如夫婦被動地等待上帝或他們的配偶，替他們作主，那麼他們是無法成長的！

神話四：上帝的引導通常來自超自然神蹟或信息。上帝藉著一個具鼓勵作用的預言，來肯定我們開始黎明團契——我們內城的教會的決定。我們**確實**曾得過不少神蹟證明上帝與我們同在，尤其當我們極渴望得著鼓勵的時候，但這些奇蹟從來就不是我們作決定的基礎。上帝的旨意必定是好的，是我們生命的全部，包括我們的孩子。

在作生命裏重要的抉擇時，單建基於一個預言，就是上帝透過另一信徒告訴你的指引，是很危險的。預言必須確認上帝用其他方法叫我們知道的真理（林前十四3）。在使徒行傳裏，信徒經常複述他們的得救經歷（徒六3，十五36，二十16；羅一10～13；林前十六4～9；林後一5～二4）。**所有**神蹟，例如彼得看見不潔的食物（徒十9～23），都是未經懇求的。有時候夫婦在應當知道並行出上帝的旨意時，仍在等候神祕的啟示。

神話五：上帝的旨意通常連帶著「敞開的門戶」的。但是如果你像我和姬爾一樣，面前有三道敞開的門戶——都是你的個人夢想，一道門半開著，且有困難在其中，你會怎樣選擇？我們可以進入一些機會之門（林前十六9），但也要基於上帝目標的緣故傾倒一些緊閉的門戶（徒四18～20）。上帝藉著門戶的開啟或關閉來引導我們，意思是要我們在實行上帝旨意時**順應時勢**，並非**轉化環境**。

我們被召是憑信心而行，並非憑眼見。憑信心而行就是透過堅信上帝去體會生命，不是按著我們周圍的環境而活。許多時候，當我們提及別人的生命時，我們會主觀判斷甚麼是上帝的旨意——例如生活安穩，基督徒生命又似乎滿結美果。凱里在印度宣教十四年，才有一人信主，他是否踐行上帝的旨意？有時候「神蹟」看似是負面的，但我們仍要堅持，把結果交在上帝手裏。憑信而行的意思就是在上帝裏尋找滿足、平安、安全感或喜樂，而不集中看事情是否順利。

如果我們憑信而行，就無法常常為自己的感受和所作的，找到解釋。這就是信心的本質。我們的理性常會叫某些人感到不滿，憑信而行的意思是我們不能判斷**其他人**是否也在踐行上帝的旨意，我們只能代表自己向上帝作出回應。當保羅漠視朋友們先知式的警告，仍把外邦人的捐獻帶上耶路撒冷，他的朋友們不情願地說：「願主的旨意成就便了」(徒二十一4～14)。但保羅一定會想：「我的朋友，我正在行出……上帝的旨意啊！」保羅曾接受上帝的指示，要成為外邦人與猶太信徒中間的橋梁(加一16，二9；羅十五15～29)，沒有任何緊閉的門戶可以阻止他；夫婦一起踐行上帝的旨意也是一樣。

神話六：如果你走錯一步，在許可的情況下必須重頭開始。我和姬爾常常以為自己犯錯了，工作上困難重重，在領導關係中又出現問題，我在木匠行業裏要比想像中加倍努力，才能維持家計，就是連周末也要開工。

在婚姻裏這神話尤其危險。一些夫婦在面對衝突時，往往以為自己沒有按上帝的旨意而結合，於是離婚再娶或再嫁。但事實上，生活出現問題和困難，並不代表我們就是行在上帝旨意以外。上帝愛我們，才會修剪和管教我們。當保羅落在最危險的處境時——被石頭打、被拖出城外、被中傷——我們後來也知道他絕對是活在上帝的旨意裏。今天有一異端般的說法，就是上帝的旨意會為人帶來輕鬆、有前途和毫無困難的生活。保羅無論在獄中，還是在山峯上，都是活在上帝的旨意下。他顯然從來沒有後悔把外邦信徒的愛心奉獻，帶到耶路撒冷的窮人手裏，雖然此舉為他的餘生帶來重重的牢獄之苦。

恩典的意思，與重活我們的生命的意思剛好相反。恩典讓我們在今天裏活得完全，不受以往的永久損害所影響，為榮耀的未來作好準備。上帝以祂的權能管治，把我們的過犯和別人在我們生命中的過犯，整合在祂對我們的大旨意裏。約瑟對賣他往埃及地的哥哥們說：「從前你們的意思是要害我，但上帝的意思原是好的。」(創五十20) 在如此全能的上帝裏，人怎樣也不會迷失的！人最大的錯誤就是不**願意**活出上帝的旨意。

渴望合一

當保羅勉勵以弗所信徒：「總要察驗何為主所喜悅的事」(五10)，他是指著受引導的心而說的。我們會覺得，上帝比大部分父母——甚至配偶——較易被取悅，當我們以夫婦的身分尋求上帝的旨意時，最少有三種方法可以取悅祂。整卷以弗所書是上帝定意在分歧中取得合一的宣告，最大的例子就是把猶太人和外邦人結合為一個全新的人類(二15～16)，成為同一國度的子民。在基督裏，猶太人和外邦人也不是次等的。

當我在肯雅非洲弟兄教會神學院教授以弗所書時，我瞥見這雙重復和——上帝和人、人和人——的革命意義。我在簡陋的教室黑板上，畫了一道破裂的圍牆，心裏一邊懷念著投影機。「上星期我們提到基督的工作，就好像拆毀了耶路撒冷聖殿裏阻隔猶太人和外邦人的牆（弗二14），那道牆代表了他們彼此間的仇恨。現在，你們可否說出，在你們的國家裏，有甚麼人是要靠神蹟，才可以把他們融化為一家的？有沒有任何部落，是不能走在一起的，甚至在教會裏也不例外？」

教室裏一片叫人不安的寂靜，然後以西結（他受洗時起的名字）舉手說：「瓦利莫，金巴族（Kamba）和馬薩伊族（Masai）人是勢不兩立的。」但是我發現在一些教會裏，這些未復和的世仇**可以**走在一起。整班學生於是發現教會確實是一個能夠連結所有部落的超級部落，是何等叫人興奮的事實。

在以弗所書第四章，保羅把這合一的教義應用在教會裏；在第五章，則應用在婚姻裏；在第六章，應用在父母和子女、主人和僕人，甚至雇主和雇員身上。在柔和謙卑裏的彼此服從，承認人與人之間的差異，是聖靈充滿的羣體的標記（四3，五18、21）。

有時候我會想，上帝好像只喜歡合一。**丈夫與妻子一起傾談、禱告、聆聽和等候，直至獲得共識，不單是婚姻的上上之策，也是夫婦作決定惟一合乎聖經的原則**。上帝顯然重視夫婦的合一，多於成全祂的旨意。我重申，無論其中一人怎樣相信自己得到上帝的帶領，如果所領受的不是上帝給我們二人的旨意，那大概也不是祂的旨意了。

◎渴求引導者甚於渴求引導

叫人奇怪的是，聖經對引導隻字不提，反之，聖經給我們三個有關引導者和被引導者的形象。首先，**是羊與牧羊人**（詩篇二十三篇；約翰福音十章）。牧羊人「呼喚」（約十3），「帶領」（十3），羊也「聽他的聲音」（十3），「認得他的聲音」（十4），並「跟隨他」（十4）。

此外，亦有家庭的形象，包括**父母親和兒女的形象**。父上帝差遣兒子的靈進入我們內心，使我們在祂的家庭中得著自由、動力和權利（加四1～7；羅八15～17）。正如父母從詳細教導來緊密看管兒女，到逐漸給他們自由和責任，上帝（遠超**父親**或**母親**這字詞可以比擬）定意讓我們在基督裏成長（西一28；弗四13）。

最後，這裏有**朋友之間**的形象（約十五13～16）。我們的朋友耶穌，祂讓我們知道父上帝的事情和計劃，好叫我們認識上帝的心意。我們不是奴隸，乃是蒙召按祂的心意和命令，去作我們的決定。以上三種形象傳遞了與引導者的關係，較怎樣從引導者得著清晰指引來得更重要。夫婦二人學習服從的好處並不是他們二人學習怎樣作出明智的決定，乃是夫婦二人更深入認識上帝。正如其他婚姻操練，夫婦二人的服從是朝向上帝之途。

當你已經作出決定，要信靠上帝

你是否曾經受困於第二重思想——甚至是那些你無法改變的事情？「假若我娶了另一位女孩，有另一份職業或加入另一家教會，現今會是怎樣？」**當你作出決定以後，你毋須要往後看**。當我們已經決定將手放在犂的國度裏(路九62)，就不應該往後看了。然而，許多基督徒卻竟然在犁把上安裝了倒後鏡！結果也是一樣，他們是不能動彈的。

我喜歡波斯地毯的製造方法。地毯被掛在兩根長長的竿子上，主要的編織師傅——就是通曉整幅設計的人——會站在一邊，向站在另一邊的編織工人，説出所需要的毛線的顏色和位置，著他織入地毯中。在溝通和理解上出現錯誤，是無可避免的。設計師在他那一邊看見明顯的錯誤，但在另一邊的編織工人卻不察覺；然而設計師卻會按著那錯誤，重新設計地毯的圖案。他的目的比他仔細的計劃，更形重要。無論我們作過甚麼，我們的上帝都會在我們的生命中創造美好，否則福音對毫無瑕疵的人來説才是佳音。

我和姬爾常受引誘，去懷疑在一九七五年那重要的一周裏，我們所作的決定是否正確，但我們知道我們惟一可能犯的錯誤，就是不願意活出上帝的旨意。有時候我們要到事情發生了許久以後，才發現自己怎樣活出主的旨意。現在數年過去，回首當天，才肯定自己在那個星期確實活出了上帝的旨意。我們也證實了我們對引導的原則從來沒有失準：**無論其中一人怎樣相信自己得到上帝的帶領，如果所領受的不是上帝給我們二人的旨意，那大概也不是祂的旨意了。**

婚姻提供最佳的機會，讓人體驗耶穌應許的真確：「我又告訴你們，若是你們中間有兩個人在地上同心合意的求甚麼事，我在天上的父必為他們成全。」耶穌在下一節解釋了這在決定上的合一和力量，「因為無論在那裏，有兩三個人奉我的名聚會，那裏就有我在他們中間。」(太十八19～20) 這叫服從的操練成為夫婦尋求上帝的道路的一部分。

付諸實行

利用本章成為你們夫婦共下決定的機會。可從婚姻的某個範圍或其中一個配偶的生命裏著手。也許你們面對的是職業的選擇、搬遷的決定或家庭動力的重整。如果當中一人並沒有作好準備，最好留待雙方都同意能全心參與時才實踐這操練。然而，一方不可以無了期地延遲決策，以致藉辭拒絕參與而「反控制」對方，因為缺乏興趣也可以被用以操控決策的過程。選擇一項事宜，是你們願意最終說：「我們已一起活出上帝的旨意」來解決的。當你們懷著禱告的心互相同意後，就求上帝幫助你們完成以下的步驟：

1. 我們是否受任何一個有關「引導」的神話影響，以致不能活出上帝的旨意？

   上帝在我們共同的生命裏，有一奇妙的計劃。

   上帝的旨意是難以尋求的。

   上帝希望替你作決定。

   我們期望上帝的引導來自超自然神蹟或信息。

   上帝的旨意通常連帶著「敞開的門戶」的。

   如果你走錯一步，在許可的情況下必須重頭開始。

2. 我們是否願意等候，直到雙方都同意，才試行這操練？如果不可以，為甚麼？

   如果我們願意等候，我們會從中得到甚麼益處？

   如果我們當中一人深信這是「主的旨意」而一意孤行，[2]會帶來甚麼困難？

3. 我們會怎樣渴望得到引導，多於渴慕引導者？
4. 重溫在你們的婚姻中，曾怎樣經歷上帝是牧羊人、父母和朋友？

5. 如果你們還沒有開始一起禱告，這正是一個開始的好機會！大部分夫婦發現，他們必須在這問題上一再回到主裏，直到兩顆心都同感上帝的旨意。來體會上帝的應許吧：「若是你們中間有兩個人在地上同心合意地求甚麼事，我在天上的父必為你們成全。」

註釋：

1 這經歷曾記載於作者另一本著作：*Liberating the Laity: Equipping All the Saints for Ministry* (Downers Grove, Ill.: InterVarsity Press, 1985)的第一章中。

2 這可以有很多明顯的例子是例外的。

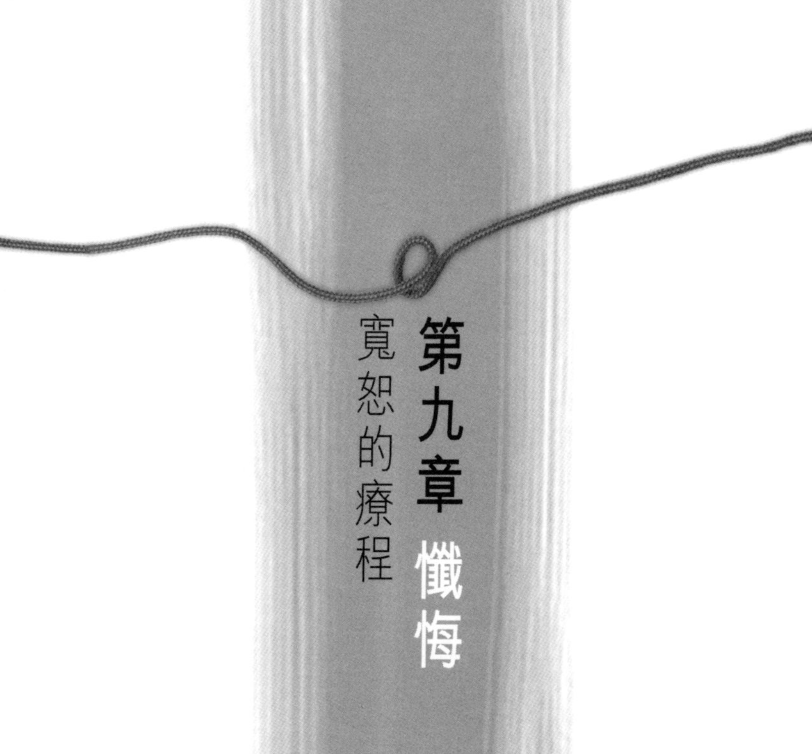

第九章 懺悔

寬恕的療程

「我應該讓丈夫知道，我曾經有婚外情嗎？」當我不下一次在教牧輔導中，被問及以上的問題，我發現這是婚姻靈程一個深遠的題目。我不敢提出建議。然而，我卻是受託於基督徒的愛，將其中的選擇展示出來，一是說個「挽救的謊言」——這故事或會暫時維持動搖中的婚姻狀況——一是向配偶懺悔。然而，我知道懺悔或會帶來災難性的後果。有些婚姻在這極端的情況下，懺悔的療程不能使之生存。或許，連「挽救的謊言」也不能拯救他們。

很多時候，首先向一位可信任的基督徒領袖作完整的懺悔是有效的，用以清除障礙。重要的是，犯罪的一方首先要尋求上主的寬恕。許多時候，除非我們聽見基督的說話從人的口中說出來，否則無法感受到被寬恕。人往往受關係破壞的重擔壓著，需要尋求幫助，在最好的時間和用最佳方法，向遭虧待的配偶誠實悔罪。然而，我知道無論何人懺悔這些罪並求饒恕，事情已經不再一樣；他們的婚姻也是如此。

懺悔的內在邏輯

我個人認為，倘若沒有完全的懺悔和寬恕，兩個屬於耶穌的門徒（這情況下是指婚姻中的男女）要「行在光明中」並有著團契生活，是不可能的。基督徒的懺悔並不純粹是一種屬靈操練，乃是恩典：「我們若在光明中行，如同神在光明中，就彼此相交，他兒子耶穌的血也洗淨我們一切的罪。」(約壹一7) 因著婚姻是人際關係中最親密的，每天也有受傷的機會，因而每天也可以操練懺悔。

懺悔在屬靈上的對應字詞是寬恕——冒犯人的要先向受害者求饒恕。然而，除非犯罪的願意饒恕自己，這饒恕是有實際信念的記號，相信耶穌在十字架上已經成就了贖罪的功勞，毋須再釘十字架；否則，這饒恕算不得完全。有時候，當犯罪的一方得不到受害者的寬恕，他仍然需要得到上帝的饒恕。這是一個靈程的掙扎，是需要時間的——一段較長的時間。

在以弗所書第六章，使徒保羅稱「我們並**不是**與屬血氣的爭戰」(12節，強調我們的)。在另一處，保羅以「肉體」這類別來處理屬靈生命內在的爭戰，是因著罪影響人的本質 (羅馬書七至八章)。這爭戰在基督徒的**內裏**進行。然而，我們若與杰羅姆 (Jerome) 和托馬斯阿奎那 (Thomas Aquinas) 的見解一致，認為這純粹是對抗情欲的話，我們則誤解了屬靈爭戰的真正意思。我們是與整個系統爭戰，保羅稱之為「執政的、掌權的、管轄這幽暗世界的，以及天空屬靈氣的惡魔爭戰」(弗六12)。有如流行疫症的婚姻破裂和在性方面不忠的普及 (「簡單」如自私的更不消說)，不過是邪惡冰山的一角而已。從一些雇主或專業社會而來拜物主義的苛索，並因自戀驅使人專注於自我滿足，才是「從另一方」而來、一股具約束意識的威脅力。

沒有基督徒夫婦可以忽略婚姻中可怕的敵人。魔鬼是一個有人性一面的邪惡靈體，要佔領生命的每一結構，包括婚姻在內，使我們不再依靠上帝。撒但是婚姻靈旅的大敵，因為他深曉在基督裏合一的大能。因著撒但是欺騙人的首領，他不以明顯的邪惡模樣出現，而是看似屬靈的——例如控訴罪人。他被稱為「控訴弟兄的」(啟十二10)，而婚姻中的伴侶可能會一時愚昧地成為撒但的伙伴，控訴上帝的兒女——自己的配偶，甚或自己。

魔鬼在基督徒婚姻最普遍的入手點，就是拒絕饒恕。保羅警告我們：「不可含怒到日落，也不可給魔鬼留地步。」(弗四26～27) 不能悔罪和寬恕，兩者同時帶來對上帝(包括配偶)美善的懷疑，最終帶來苦澀的靈。魔鬼定意要分拆基督徒的婚姻。多宗北美基督徒領袖婚姻破裂的事件，實在為宇宙黑暗勢力詭計的一部分，是我們不為意地幫上了一把。願意我們都說：「因我們並非不曉得他的詭計」(林後二11)。懺悔的操練對屬靈戰爭的得勝，十分重要。

承認過犯

我們需要練習懺悔的操練，包括在言語或行為、從犯姦淫到理財失當等過失。然而，我們仍需要承認一己的過犯、軟弱，並犯錯的性情。

我有過度工作的傾向。無論這是否因為我有著要尋找別人肯定的渴望，還是我曾經歷上帝蒙召帶來的釋放（我懷疑兩者都有），我願意付上百分之一百二十五。有時候，我有如史提芬史匹堡（Steven Spielberg）一樣，投訴腦海裏滿是電影的意念，一覺醒來竟吃不下早餐。我熱愛我所作的……有時候過了火。雖然，我相信婚姻和家庭較事奉和工作佔優先的位置，但有時候，我卻是犧牲了姬爾、父母（當他們在世時）和兒女。這是需要懺悔的。我不但需要姬爾的寬恕，更需要她的幫助。

雅各書五章16節說：「彼此認罪，互相代求，使你們可以得醫治。」這是說我們要承認個人的弱點，如同承認地殼結構中的裂痕一樣。這可讓我們的配偶為我們有可能犯上的罪代求，實行預防性的治療。過犯如同地震的裂痕處所帶來的極大破壞，我們在婚姻上的破口也可以釀成悲劇。然而，我主的恩典讓我們從軟弱中得著能力（林後十二9～10）。倘若我們能真誠面對彼此的缺失，並在這個最需要上帝的時刻尋求祂的幫助，則我們的軟弱可以成為建立屬靈友誼的產業。

基督教之所以獨特，並不是上帝**不顧**我們的軟弱，來顯明祂的大能，乃是**藉著**我們的軟弱，來顯明上帝的大能。保羅說，我們可以因在主內揭開臉上的帕子，反映內裏的榮光（林後三18）。我們可以坦然無懼的彼此承認一己的真委，因為「就變成主的形狀，榮上加榮」（三18）。

這形象的改變是持續的。然而，倘若我們隱藏罪惡和過犯，或當承認過犯後拒絕認真處理，我們就不能看見上帝的作為。

懺悔之於婚姻，如同洗禮之於基督徒的生命。懺悔不只是儀式，乃是改變生命的工具。彼得論洗禮說：「藉著耶穌基督復活……只求在神面前有無虧的良心。」（彼前三21）洗禮是一項賭注、禱告的實踐、潔淨的呼求、不能退款的信心投資。懺悔也是一樣。這是潔淨婚姻的訴求，同樣具有不能退款的因素。當懺悔與寬恕相遇——在真實犯了罪的情況下——撒但被擊敗了，屬靈的敵人抱頭鼠竄，堅固的營壘也為上帝的能力、並祂所賜的平安所攻破（林後十4）。

那末，為甚麼我們不願有這種操練呢？

因為我們不願意破碎自己。駭人的自尊驅使我們築起自我保護的牆，並外表的完整，實際上內裏卻是破碎的麵包和壓傷的葡萄，需要被製成餅和酒。正如法利賽人在聖殿的禱告，我們自以為義，不是以上帝為義（路十八9～14）。諷刺地，那表明上帝有理的稅吏，降卑自己，回家以後卻得稱為義，並為上

帝稱許，那自以為義的法利賽人倒得不到義。這是福音的原則：「凡自高的，必降為卑；自卑的，必升為高。」(14節)

婚姻正是一處讓福音成為每一日的真事實之場景。靈程不能避免是屬於家庭的；福音也是。倘若我們以上帝為義——肯定祂在這情況的觀點，並願意尊重祂——我們就不會以自己為義。然而，福音的神蹟，就是上帝藉著十字架的功勞，竟然稱不聖潔的人為義！從人的角度來看，福音是羞恥而不道德的——每一個法利賽人都是這樣想(路十五25～32)。然而，信心抓著福音成為奇妙的禮物，並衷心歡喜。

藉著懺悔，我們可以獲取一切，除了自我為義以外。這種破碎可以使我們的婚姻更加完整，特別是當這破碎與寬恕相遇。

付出寬恕的盟約

寬恕包括回憶、忘記、刪除、重視和創造。為要寬恕，我們需要**回憶**起，我們本身也是蒙上帝完整、完全的赦免。相對來說，我們與各人的債項在比較之下就微不足道。我們需要記著誓言和應許。當我們結婚的一刻，曾經說惟有死亡才可以使我們分離。通姦所帶來的是寬恕，並不是離婚。較輕的罪惡也是一樣可以寬恕的。

寬恕等於**忘記**。也許，事實上某些事件確實發生了，特別是激烈如通姦或身體虐待，使事件幾乎是不可能忘記的。我們可以肯定的是，上帝偉大的奧祕之一，在於祂竟然忘記我們的罪過，祂說：「我要赦免他們的罪孽，不再記念他們的罪惡。」(耶三十一34；另參來八12) 至少，我們可以從終極大祭司處學習：寬恕以先必須有忘記。我們愈是饒恕，愈是能忘記。或許，忘記並非說從此不能從記憶深處鈎起這些事實。相反，這是下定決心不再有目標地想起這些事情，或作為使對方難堪的武器或工具。如今，這是一種具創造力的忘記，亦正是由寬恕所啟發出來的。藉著信心，即使偶爾憶起，也可以視之為肯定耶穌恩典足夠的機會。復活以後，耶穌手上和足上的疤痕，並不只是人類殘酷的記號，乃是多馬和其他懷疑者賴以相信、可以觸摸的印記。這是一種有建設性的回憶，以之來肯定上帝的恩典。

消除罪債是上帝為我們過犯所作的。祂並沒有給我們一種容易償還的計劃、減低利息或對換。祂沒有要求我們以一生服事祂，作為完全寬恕的交換。這只是有條件的寬恕、合約式的寬恕，並不是立新約的寬恕。同樣地，我們需要消除配偶的罪債。這即是說沒有補償、沒有經常的舊事重提、沒有對換。過去已經成為過去。我們需要釋放配偶，就如罪惡從沒有發生過一樣。

我們可以藉著懺悔和寬恕來**重視**一段關係。雖然說出完全的事實或會遭到拒絕的危險。然而，我們卻要肯定有完整的關係，較維持表面聯繫的外貌來得重要。

懺悔是帶有關係的讚許；饒恕也是。藉著饒恕我們的配偶，即使在回轉以先，我們肯定關係較行為重要。許多時候，寬恕啟發回轉，啟發懺悔。

即使在回轉以先，饒恕也是需要冒險的，這冒險就是使饒恕看來並不重要。因為這可以墮落成為潘霍華所謂的「廉價恩典」，這恩典叫人繼續留在罪中，生命沒有任何的改變。廉價恩典不過是容忍罪惡，並讓罪人知道他們在犯了過錯以先，就免去任何懲罰。相反，昂貴的恩典卻讓罪人經歷他／她們行為的輕重。有時候，這是需要時間的。有時候，消逝的時間和等待寬恕一方付出的愛時，會帶來了重大的發現：並不是行為、言語或態度糟透了，乃是發生在關係上的問題，擊中了彼此之間婚約的關係。聖經信仰在古代社會中是獨特的，因為她理解罪惡為破壞個人與永活上帝之間的關係。聖經以同一準則來理解所有形式的婚姻罪惡：這是否影響了我倆婚約的關係？因此，昂貴的恩典並不是假裝甚麼事情也沒有發生，而是等待著罪人靈魂內在的工作，這較悔恨更為深入(人必然發現的哀傷感覺或將要經歷的艱難後果)。除非我們悔改，否則不能得著完全的寬恕；這悔改是聖靈所結的果子，容許我們從上帝的角度來看我們的行為或態度。這悔改憎惡罪惡，使人決心痛改前非。惟有這樣，寬恕才會特別有創造力。

創造一個全新的將來是寬恕的一部分。耶穌對行淫被捉拿的女人說：「去吧，從此不要再犯罪了。」(約八11) 寬恕不是容忍或指責。因著基督在十字架上成就的工作，這顯出了**憐憫** (*Compassion*)，我們與受傷者**一同** (*Com-*) **感受** (*-passion*) 到他所受的傷害，背負箇中的苦痛，將之帶到耶穌的跟前，惟有祂可以完全把罪背負起來。這容許我們有效地建造全新的將來。

寬恕如同醫治，是需要時間的。然而，倘若寬恕沒有悔罪，卻不能產生仁慈的果效。路易史密德 (Lewis Smedes) 說：

> 寬恕是當你走了十哩的上山路以後，放下肩上五十磅的行李。
> 寬恕是你走了十五哩馬拉松以後，倒在坐椅上。
> 寬恕是釋放了囚犯，卻發現這囚犯原來是你自己。
> 寬恕是回溯你受傷的過去，在你思海中重新創造，使你可以再次上路。
> 寬恕是你可以按上帝寬恕的脈搏來起舞。
> 這是在愛的強大波浪之上滑過。

我們個人歷史殘酷不公平的惟一出路和我們通往未來具創造機會的惟一途徑，就是寬恕的神蹟。[1]

聖餐：具創造力的悔罪背景

較早前我曾經說過，懺悔之於婚姻，如同洗禮之於基督徒生活。然而，兩者有一項重要的分別。洗禮是一次有效的行動，懺悔卻是夫婦二人定意在上帝和彼此面前經常重複交代的活動。因此，我建議在婚姻上操練懺悔時，要間中實踐夫婦間的聖餐禮。聖餐禮是指到每一日的情感工具，肯定上帝在我們生命中的恩典。

聖餐處理經常困擾婚姻的三種罪惡：法利賽主義、佔有欲和渴想權力。面對著可見的恩典記號，就是餅和杯，我們不得不放棄法利賽主義。在同一餐桌上，我們不能思想：「我較你優勝。」當我們站立在基督十架前，我們是絕對平等的。我們同時需要悔罪和放棄個人的佔有。愛是奇異的、神聖的，要求我們全然付出，愛促使我們每人內心作出一個優先的要求。我們瑣碎的要求、對配偶所能付出的時間的要求、情感和注意、一己的權益和自以為義，都因著這行動的比喻而淡化，使我們肯定上帝，而不是肯定自己。那位藉著馬廐和十架彰顯自己的上帝，賜予祂要求的一切，包括公義。聖餐同時挑戰權力。渴想權力存在於親密婚姻的政治關係中，卻要面對基督在十字架上無能力這甚具戲劇性的一幕。我們公開或隱蔽地選擇了或階級、或操控的方法。祂卻取了向下走的動力。當我們吃喝著主無能力的果子時，我們都重新得力，活出犧牲的愛和被鼓勵加力予他人，並不是操控他們。因此，大部分聖餐禮儀加入認罪和赦罪的部分都是合宜的。聖餐桌喚起了悔罪，並施贈予饒恕。夫婦二人在聖餐桌上一同感謝，是何等美好的事情呢！

我發現至少有一位著作屬靈操練的作者論及夫婦聖餐，或共同擘餅的悔罪價值，令我感到欣喜。摩頓蓋爾斯說：「我和太太發現我倆大不相同的個別禱告練習可以在每天聖餐中走在一起，並互相加力。」[2] 在他的情況而言，共同實踐內心之旅是小組每日操練的一部分。許多夫婦藉著小組或細小社區教會提供的每日聖餐，從中得著幫助。然而，我們以下探討夫婦二人擘餅的可行性。

主餐原來的背景並不只是一頓飯而已，而是**家庭的晚飯**。我們將之從飯廳桌上抽離，置於聖壇上，並伴隨著聖職人員和牧師。我個人認為，從聖禮的角度來看，我們將之簡化了。在婚姻的聖禮中，配偶就是教士，慶祝這聖禮的最佳地方就是廚房和睡房，而不是在祭壇後！天主教作者伊芙蓮和占士韋特暗示了家庭聖餐的價值，但倘若他們正面地提出來，其背景必使他們陷於邊緣的位置。

更正教聲稱她們的良知受上帝話語的管轄，並把所有傳統置於聖經審查之下。為甚麼不包括這方面在內？

聖經從沒有提及這種聖禮必須由受按立的牧者施行或主持，或必須在崇拜主日中進行。聖經只是強調我們是否真與基督的身體(教會)、基督在十字架上的身體和我們的弟兄姊妹(即時的基督身體)建立關係，以免我們「吃喝自己的審判」(林前十一29)。信主的夫婦，或許包括他們信主的兒女，較一羣無名的會眾，更能藉著感謝(*eucharisto*)來記念耶穌，互相認罪，活於團契之中。在教會中，我們經常看著一排排會眾的後腦，當聖杯聖餅分給弟兄姊妹時，他們之間沒有足夠的熟悉程度來活出團契生活。

一同虔守聖餐可以簡單地包括誦讀哥林多前書十一章17至26節，或馬太福音二十六章17至30節、感謝的禱告、擘開和分享聖餅，和飲於同一個杯。這可以成為家庭中賺取恩典強而有力的途徑。

◎慶祝寬恕

在分析人類性向的文章中，范尼雲指出寬恕表明和承認彼此的盟約。因為一男一女是不能改變地互相從屬的，他們每一天都應該彼此接納，即使他們都有缺陷。在婚約中意味著人應該明白：「所有障礙、所有將要來臨的具侵略性的行動，大部分都是來自內裏的痛苦、憤怒和恐懼。」[3]

因著婚約是神聖的記號和圖像，上帝在寬恕的行動中與夫婦相遇。范尼雲肯定已婚夫婦的生活是：「建基於饒恕，這饒恕已足夠醫治強加入夫婦二人合一生活的創口。通往聯合之路必須經過每天的寬恕。慶祝是完全寬恕的記號，是溫柔和愛的聯合的結果。這種在身體和心靈的愛的聯合，驅除可能剩餘的敵意和障礙，使二人在身體、心意和心靈合而為一。」范尼雲在其最大膽創新的比喻中，指出夫婦在認罪和寬恕上漸趨成熟，性行為是合一的崇拜。「這聯合成了具聖餐意義的行為，因著重建的聯合而獻上感恩。」[4]

因著悔罪和寬恕的恩典，我們可如實地說：「這是我的身體，為你捨的」，也聽見基督向我們說這一句話。

付諸實行

在《恩愛夫妻》一書中，我提出十誡是已婚人士的生活模式，它們同樣可被視為在婚約中的人應有的責任的絕佳大綱。我們可以把它當作一個懺悔的練習，在默想和緩步中個別地思考和反省每一項的意義。我為每一誡命增補了「改篇」，幫助我們思想某些情感和屬靈的漏洞，是人用以逃避對配偶該要付的責任。當你完成這默想以後，首先向上帝承認過犯和罪惡。然後在適當的時候，向你的配偶認錯。藉著一同虔守主餐，我們可望達成互相的認罪和寬恕。

十誡和「我的改篇」

1. 你必須單單尊重你的配偶（除了上帝以外），**除非這與你成為完整的人有所抵觸**。
2. 不要為配偶設任何虛假的形象，需要真誠和誠實；**除非保持配偶的虛假或過去的形象，能合理化你不去改善雙方的關係**。
3. 你需要在公開和私人的場合尊崇配偶的名字，**使你的配偶也尊重你**。
4. **在不影響其他優先次序的情況下**，你必須給予配偶時間、安靜和合宜的空間。
5. **倘若配偶父母沒有提出不合理的要求**，你必須與雙方父母保持良好關係。
6. **除非遭受挑釁**，你不能以憎恨、具破壞力的憤怒和失控的情感傷害對方。
7. 你在性方面必須忠心，控制肉體的欲望，**除非你**

正常的性滿足的權益未獲你配偶的尊重。

8. 你不可偷盜，並要活在凡物公用的社會中，**除非當你分開以後，個別擁有的資產能使你更加獨立。**
9. 你必須説出真相，**除非説出外遇的真相會破壞了婚姻。**
10. 不要貪求別人的配偶，應該滿足於自己的配偶，**然而輕微的調笑是成人的玩意哩。**

因著上述的改篇，**願主拯救我們**！

為了遵守上主恩約的責任，**願主裝備我們**！[5]

註釋：

1 Lewis Smedes, "Forgiveness: The Power to Change the Past," *Christianity Today 27*, no.1 (7 January 1983): 22～26.

2 Morton T. Kelsey, *Companions on the Inner Way* (New York: Crossroads, 1985), p. 112.

3 Jean Vanier, *Man and Woman He made them* (Toronto: Anglican Book Centre, 1985), pp. 127～128.

4 同上。

5 Paul Stevens, *Married for Good: The Lost Art of Staying Happily Married* (Downners Grove, Ill.: InterVarsity Press, 1986), p. 87.

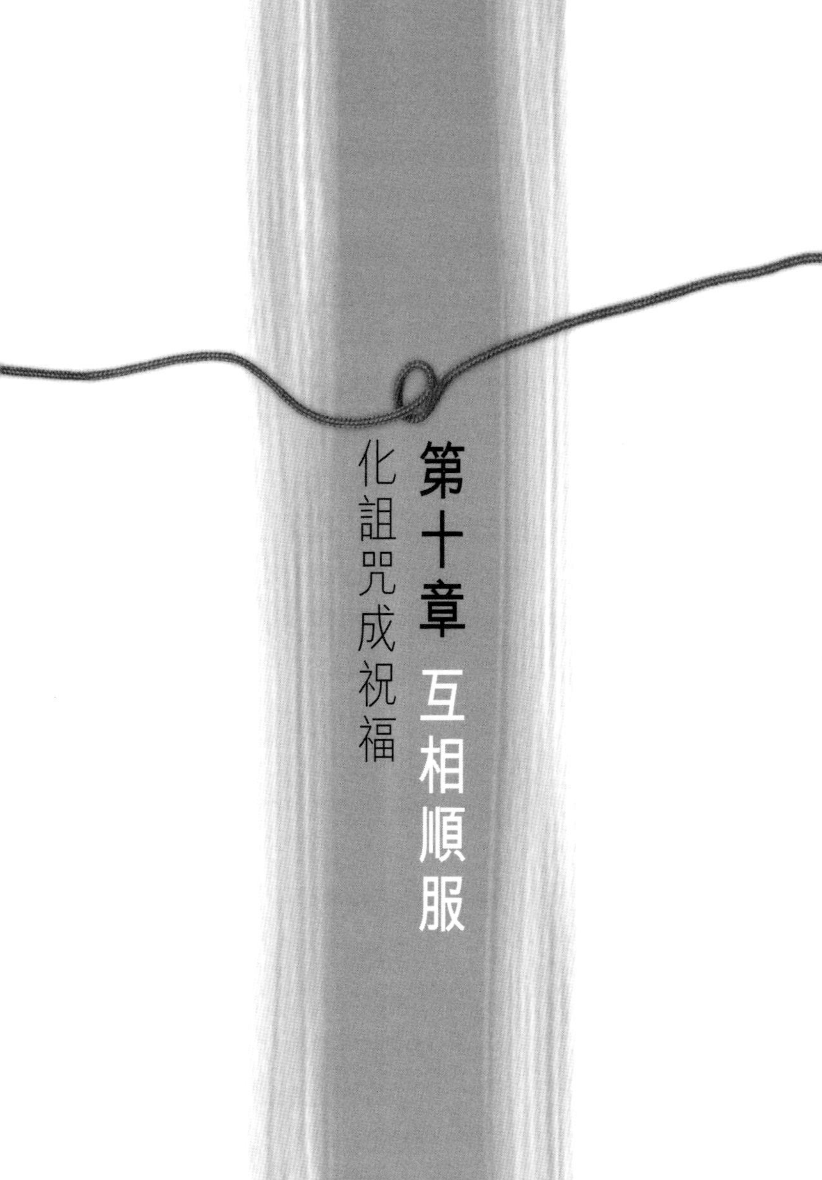

第十章 互相順服

化詛咒成祝福

「在我們六年的婚姻中，我們嘗試培養我們的屬靈友誼。曾幾何時，我們摸索著學習這操練，但在剛開始不久就放棄了，問題基本上是我們各自對屬靈領導抱不同的看法。我認為丈夫有責任推動並維持一切家庭內的屬靈操練，但厄爾 (Earl) 卻持較合乎聖經原則的看法。我拒絕考慮他的意見，並要求按我所期望的一起實踐屬靈操練。」

當路易絲 (Louise) 向厄爾說出她對婚姻的看法時，才發現他們屬靈契合的關鍵障礙其實是一個**政治**問題。她要求丈夫擔任屬靈領導，相信作「頭」就是「管理」妻子，或轄制妻子。然而作為一個有教養、有主見的女性，路易絲承認她的觀念有點矛盾，她認為領導就是平等主義價值觀和行政管理的混合物。厄爾對屬靈領導的看法是關乎**優先次序**多於管治權。當他沒有像路易絲所要求般作帶領時，路易絲就會認為他領導能力差勁。在懂得互相順服的操練後，他們最終找到新的和諧。以下是路易絲對操練過程的描述：

> 厄爾正正就是用相反的行徑，來回應我對他的期望。這掙扎持續不斷，直至我參加了「在教會中建立牢固婚姻」的課程，從中學會了聖經對屬靈領導的教導。及後我曉得我必須學效耶穌，勤讀祂的道，以致我再沒有藉口

鬆懈並埋怨配偶不作個「領導應有」的榜樣。我自己的靈命和與上帝的關係應該由自己向上帝負責，這促使我直接向上帝尋求饒恕和力量。現在我曉得有時候妻子也可以作領導，也更能欣賞丈夫的獨特貢獻。無論他的屬靈情況如何，我也可以為他禱告，並牧養他。我發現我不應該用自己的靈命與他的作比較，法利賽主義只會做成自義，叫人的生命朽壞。

對屬靈領導的誤解得到化解後，我已能面對一些建立親密屬靈友誼上的障礙。我像一個初生嬰孩一樣，要重新學習怎樣珍惜厄爾、怎樣溝通和怎樣看輕已犯的錯誤。這正逐步實踐，因為我們已學會了互相順服。

我經常聽到像厄爾和路易絲的經歷。對屬靈領導的誤解和不能**互相**順服，都阻礙了屬靈上的契合，這就是這操練對夫婦非常重要的原因。屬靈友誼不是平等的，就必定是叫人成為一體的！人無法與下屬或上司建立深刻的團契。然而聖經又怎樣説？

◎有關領導的空話

在婚姻中有關領導的討論，其實全是屬靈的層面，因為這方面的討論影響我們如何理解配偶在基督裏的位置，並作為一家之主的基督如何領導一對夫婦。我認為丈夫擔起屬靈權威的角色，而妻子則倚賴丈夫的靈命，是不符合聖經教導又不健康的領導模式。這簡直就是一種婚姻的罪行，因為在這情況下丈夫和妻子彼此作祭司、並共同在家庭中作祭司的權利都被剝奪了。

在我的著作《恩愛夫妻》裏，我謹慎地提出了領導的聖經原則。在此我只可以提供部分內容，任何希望深入探討這課題的讀者，可以從該書中〈領導的問題〉一章作為指引。「丈夫是教會的頭，如同基督是教會的頭」(弗五23) 這節經文常被**誤**解為丈夫持有對妻子及子女的控制、權力、決定權、擁有權和向上帝負責的權利。當丈夫管轄而妻子聽命時，上帝必會傷心，因為無論丈夫和妻子都沒有活出真我的自由。對上帝超越丈夫、丈夫超越妻子、妻子超越孩子的階級觀念，已在許多妻子、孩子和丈夫(如果他們意識到的話)的屬靈健康上，造成無法估計的傷害。也許丈夫的損失最為慘重，因為他們肩負那實際上不能達成的任務，要當家庭中的屬靈領導。

然而，許多基督徒對行政管理的反應，是完全撇棄領導角色，叫婚姻關係變得角色模糊、角色可以互換的夫婦，而不是丈夫或妻子。他們正確地強調互相順服，卻因為未能尊重領導的原則，拆毀婚姻中的奧祕。婚姻中**的確**具有一種合乎聖經原則的平衡，讓婚姻健康和屬靈健康可以同時增長的。**這種合乎聖經原則的平衡，是在平等配偶間婚約中的領導，活出基督與教會關係的奧祕。**

在平等配偶的婚約中，丈夫領導的角色是要在培育(愛)、主動、保護和供應上，負起較優先的責任。每一對夫婦必須以他們的方法實踐出來。在《恩愛夫妻》一書中，我將基督徒婚姻比喻為戲劇，我們都有故事主線和結局，然而主角必須編寫自己的部分。這即是說，我們沒有供丈夫和妻子角色之用的複製方程式。事實上，根本沒有甚麼角色可言，卻有每一對夫婦按其獨特性和呼召，來活出新郎與新婦、基督與教會的一幕。

互相補足指丈夫和妻子是平等而不同的；不同卻合一；合一又具備獨特性；事實上，他們的獨特性是較明顯的，因為他們是合而為一。最容易看見這種獨特性的途徑，就是丈夫和妻子將不同的屬靈程度帶入夫婦關係之中。信徒皆祭司——男和女——是十分顯明的(徒二17～18；彼前二9)。**倘若男和女皆是基督裏的祭司，那麼丈夫不可能是婚姻或家庭中獨一的祭司吧。**稱丈夫為婚姻中的「屬靈領袖」是一個具悲劇的錯置。

在以弗所書五章21至33節中，有關婚姻關係的鑰節是21節：「又當存敬畏基督的心，彼此順服。」丈夫愛的服事（25節）和妻子的敬重（33節）是**互相**順服最合宜的方法。從世上第一對夫婦開始，這方法十分有效地扭轉那經常纏繞著兩性關係的詛咒。

被扭轉的詛咒

在伊甸園裏，男人與女人原本是肩並肩的好伴侶（創二18～25），在有關創造的記載中根本沒有不平等或從屬的關係。然而他們一旦犯罪，上帝就告訴他們所要面對的下場。上帝對夏娃說：「你丈夫必管轄你。」（三16）祂又對她說：「你必戀慕你丈夫」（三16）；這不代表正面的異性吸引，而是負面的、要超越她主人的渴望。[1]管治和反叛並不是上帝期望在兩性之間出現的，但卻是人離開上帝後無法避免的後果。然而在基督裏，丈夫不但不會管轄妻子，反之會愛她至死。妻子不但不會反叛她的一家之主，反之會給予他百般的尊重。這不是雙方應該得到的，也不是彼此應盡的責任，而是福音所帶來的自由，是全然的恩典。夫婦二人願意為了對方，放下自己的堅持和期望，互相調協，是基督在婚姻中彰顯的明證。基督的國度已然來臨。

如果基督徒把婚姻中的政治建基於詛咒中，而非加略山的恩典裏，是何等的可悲。然而這正是我目睹許多信徒所作的。他們喪失互相順服的恩典，削弱了彼此間屬靈的契合，也錯過了在婚姻中其中一條通往上帝的路徑。

在基督裏結合

要了解以弗所書第五章有關婚姻一段的真義，關鍵在基督的身上。保羅說，我們互相順服，是基於「存敬畏基督的心」(21節)。他勸導作妻子的要順服丈夫，「如同順服主」(22節)。一切關係——互相順服的關係、主僕關係和敬畏——都必須建立**在基督裏。這些關係不是角色的分別，而是靈命的表達**。我們一起在基督裏的生命，不是單建基於互相的順服、或男女等級上，更是建基在那選擇介入約中的基督身上。

潘霍華在《追隨基督》中解釋，任何跟隨耶穌的人，不再與其他人有直接、親密的關係，這表明了以上論點的重要性。[2]與我們關係最親密的是基督，就是人與上帝間、和人與人間的中保。弔詭地，當我們藉著基督與別人建立關係時，我們會更形親密。祂從肉體操控和順從的罪中，拯救我們的關係，並讓我們得到真正的自由。因為基督無條件的接待，我們能夠叫自己的敵意化為殷勤。

然而以弗所書的教導，強調透過配偶來愛基督，多於透過基督來愛配偶。當我們藉著配偶來愛基督，我們可以在我們的關係中回應基督，而不是直接地回應從配偶所得的對待。舉個例子，丈夫自己並沒有作頭的權力，領導權來自基督。妻子選擇尊敬她的丈夫，並非因為丈夫的優秀品格，甚或他在她生命中的角色，而是因為他是她在**主內**的丈夫。

互相順服是那關鍵所在，不是因為它能從婚姻中除掉政治問題，叫雙方放下自己的權利；互相順服是我們「對基督的尊敬」(21節)。我們在我們共同生命的特有背景下，敬拜我們婚姻的中保——基督。我們確實在基督裏合而為一，而不是打比喻的；杜米尼 (Jack Dominian) 所指的就是這一點。他說：「值得我們欣賞的，是家庭成員間的互相交往，某程度上是一種禱告，因為他們在彼此的身上找到基督。」[3]

當我們面對彼此間的差異時，這道理尤其真確。順服與投降和純粹順從並不一樣。降服是適應痛苦的環境，通常留給人片片怨恨。然而順服是正面的，是人甘願處於對方之下，欣然接受那人，願意適應他或她的獨特個性。

順服彼此間的差異

互相順服容讓羅布 (Rob) 和休 (Sue) 彼此接受，慶賀而不隱藏彼此間的差異。他們的婚姻沒有變成政治化的鬥爭或冷漠的休戰，當他們實踐互相順服的操練時，婚姻反而成為每天獻呈上帝的禱告。

羅布和休都在六十之年，於基督裏找著新生命。羅布是一名工藝家，快要在六十五歲時退休了；休則把大半生的光陰，花在處理家務和養育四名子女上。也許因為空巢期將至，退休之年又逼近，才激起他們二人更渴望與上帝建立實在的關係。那時候他們正在一家沒有生氣的教會裏當長老，休發現自己患了癌症。

當休與治癌手術角力時，透過屬靈的姊妹的禱告醫治，休得著內裏的醫治。休得到的不單是健康，更是每天與上帝富生命的親密關係。就在此時，休和羅布加入了一所小規模但富生氣的教會，她在其中得享禱告的自由，有時候更會以方言禱告，讓她進入更深刻的個人靈修中。她的癌症療程為她帶來許多服事病者的機會，後來她更擴闊她的事奉範圍，開始為別人進行內在醫治和心靈治療禱告輔導。羅布開始覺得妻子有點被「觸動」了，但他卻容忍這些轉變，至少他不用與她看齊；但這正是問題所在。

羅布接受休的靈程，但休卻不能接受羅布的。對她來說，羅布是一個需要釋放的陰鬱蘇格蘭人，他太理性、太斤斤計較、太愛分析，對她尋求醫治的禱告又太講驗證。他說：「總括而言，大部分你代為禱告的對象都得不到醫治。」休發現羅布對受吸引參加他們教會聚會的人過分計較，他認為他們就像蜜蜂擁著蜜糖一樣。她視他們為被醫治的、被更新的、得拯救的和被建立的人。羅布看見的卻是正尋找工作、安頓下來並生活中的男男女女。

可惜的是，羅布和休都不曉得彼此間是如何的需要對方。她希望羅布可以在家庭中作屬靈領導，並帶領夫婦的早禱和讀經會。現在孩子們已離家，他們再沒有藉口，但羅布似乎對早報更有興趣。休感到她只能看羅布零碎的屬靈生命，而這生命也是很脆弱的。

羅布和休的故事揭示了互相順服的關鍵：**接受配偶的靈程**。在婚姻中靈程的置換和組合，就像人的個性一樣千變萬化，因為在上帝的創造中，每個人都是獨特的。無論人在結婚前如何互相討好、適應、調整和相容，他們都會因彼此間的差異而感到驚愕，有時候甚至崩潰。

- 清晨時，其中一人或會較另一人在屬靈上較為「清醒」。試想像一下這對於尋找共同禱告時間將產生甚麼影響，或對選取晚一點的時間為輔導事工之用所造成的問題。一人或已半睡，另一人卻仍精神奕奕。
- 其中一人可能是以行動為核心的人物，如同彼得希望耶穌叫他走在水上一般。另一人則可能較內省、憑直覺、默想型，如同拿但業在無花果樹下默想時，已為耶穌認識一般。嘗試為這事工的組合訂定範圍較廣闊的計劃。

- 其中一人可能表達力強、即時作反應，另一人則在屬靈上較內向，思想型、擅於計算。前者願意成為後者的驅動，後者則希望前者行動前有清楚考慮。
- 其中一人從心領導，另一人從頭腦作領導。雙方或會視對方為作出適當行動的阻礙。
- 其中一人是策劃者，以未來為核心。另一人則為此刻而活，惟恐計劃會阻礙聖靈的帶領。
- 其中一人重視人際關係，並因有志同道合之士而感到屬靈的喜樂，關心有需要的人。那人並不熱中獨處，另外一人則樂於獨處。
- 其中一人視佈道為表現神國事工的最佳方法，那些人不需要被吩咐多作見證。這是自然不過的事。然而，另一人則認為社區中的社會及政治結構也是重要的。
- 其中一人喜歡參加靈恩的禱告聚會，當中有說方言和翻方言的，先知並知識的言語。另外一人卻認為這對於真正重要的東西，包括愛那些末後、微小和失喪的人，會構成危險的分歧。

我們的屬靈恩賜有極其寬闊的範圍，是藉著基督的身體表現出來的——包括我們的配偶。互相順服並不是互相投降，而是互相接納的恩典。這如同對配偶說：「我喜歡你這模樣。我喜歡上帝在你身上所作的。我喜歡你事奉上帝的方法。我需要你。」

多年以後，休告訴我她真有一天如實地接納羅布，因他獨特的基督徒恩賜而歡欣。「當我不再理所當然地要求他成為家中的屬靈領袖之際，」她悔咎說：「忽然間，我發現他就是我所需要的領袖。」羅布就這一點說：「我感受到一種新自由，在靈裏讓休開放，即使我不認為(直至如今也一樣)自己是屬靈的領袖。她在基督裏較我成熟，或許我們並非沒有分別。至少，我們知道彼此需要對方。」

互相順服不單帶來美好的婚姻，也是通往上帝的路徑。這是對世界的一個記號，基督已經扭轉詛咒。它讓每天共同的生活成為福音般的經歷。

白色殉難

當我和姬爾訪問加利利迦南的婚禮教會時，我們告訴一位意大利裔的羅馬天主教士約瑟夫弟兄，我們正在慶祝結婚二十五周年紀念。「天啊，」他說：「二十五年的受苦！」後來，我們介紹姬爾的父親和母親給約瑟夫認識，他倆結婚已經有五十年。「天啊，」他再次吃驚地說：「五十年的受苦！」我們齊聲哄笑他，知道他說的沒錯。在婚姻中，死和生是互相滲透的，正如釘十架和復活是永恆地纏結一起。已婚的人在身體上、情感上和心靈上已經互相埋葬了，失去自己，卻在對方身上尋回自己。身體和心靈在埋葬和復活裏均互相對應著。

有些人拒絕這樣作，仍然維持著已婚的單身或終極的未婚。東正教會經常理解婚姻為通往喜樂殉難之路。在婚禮儀式中，新郎和新娘領受葉子和花朵編織的冠冕，或貴重的獎牌。這是喜樂的冠冕，也是殉難的冠冕；因為沒有自我犧牲和屬靈的受難，不能有真正的婚姻。

第七世紀塞爾特人(Celtic)有一篇講章，對於殉道不同形式有深入的反省。紅色殉難是為基督緣故受殘害而死。綠色殉難是苦修之路，以雖生猶死的形式來拒絕個人在身體上的欲望。然而，第三種殉難與本書的目的十分接近。白色殉難的路徑是我們把對基督的愛，置於其他情愛之上。[4]

我們這十個夫婦操練不過叫我們透過配偶和與配偶攜手，更愛上帝而已。再者，我們可以與配偶有更深入的愛。婚姻中每項世俗和家常事，都是通往上帝的高速公路，永不是迂迴路。這是捨己的一種形式，我們可以因之得生。

願你和你所親愛的，能一同穩妥地戴上殉難的冠冕。

付諸實行

以下的清單能幫助許多夫婦辨識他們難以互相順服、或他們只有服從而不是順服的地方。目前在你的婚姻中，你認為通常是誰在下列範圍中作決定？在合適的選擇中圈出你的答案來。請丈夫和妻子各自使用一種顏色。

	差不多經常是丈夫		平均分配		差不多經常是妻子	不適用
a. 選擇住所	1	2	3	4	5	-
b. 丈夫的職業	1	2	3	4	5	-
c. 丈夫工作多少時間	1	2	3	4	5	-
d. 妻子是否需要工作	1	2	3	4	5	-
e. 妻子的職業	1	2	3	4	5	-
f. 妻子工作多少時間	1	2	3	4	5	-
g. 家庭中子女的數目	1	2	3	4	5	-
h. 對子女的賞罰	1	2	3	4	5	-
i. 與子女相處的時間	1	2	3	4	5	-
j. 社交的時間	1	2	3	4	5	-
k. 與親友會面的時間	1	2	3	4	5	-

l. 性行為的時間	1	2	3	4	5	-
m. 性行為的方式	1	2	3	4	5	-
n. 金錢管理	1	2	3	4	5	-
o. 在甚麼時間，怎樣追求個人興趣	1	2	3	4	5	-
p. 選擇參與的教會[5]	1	2	3	4	5	-

現在你可以回顧婚姻中作抉擇的原則。以X顯示你認為在婚姻中作決定**應有的**方法。

「是甚麼」和「應該怎樣」兩者間若出現差異之處，是值得討論的範疇。然而，當你討論以後，你願意開始著手改變些甚麼？為甚麼不獻上禱告呢？互相順服的操練，乃要求兩個作決定的核心，作出一種不可能的自我犧牲。意志的堅執必須為愛所擊倒，這愛並非單來自配偶的愛，更是來自那位終極的愛者。因此，這是通往上帝的路，並不只是婚姻中作抉擇的技巧。這是內裏改變的禱告。我們所能經驗的互相順服，是上帝已經抓著我們的記號。這是一個關係的記號和神蹟，顯示出我們已經被上帝的恩典觸碰著。正如梅麥克在其婚姻靈程學的經典著作中說：「婚姻是過著隱修式的生活，讓貞潔的誓言和操練，成為忠貞的誓言和操練；讓貧窮的誓言轉化成不配的個人生命和財產的全然分享；讓安穩的誓言並不應用於某處地方或手足之情，而是特別的一個人；讓順服的誓言並不在社區實行，而是在雙方的關係中實踐；無分優次，是完全的平等。」[6]

註釋：

1 同樣解作「戀慕」的希伯來字，出現於創世記四章7節那戀慕該隱的罪上，是負面的渴望。

2 Dietrich Bonhoeffer, *The Cost of Discipleship* (London: SCM Press, 1959), p. 85.

3 Jack Dominian, *Marriage*, *Faith and Love* (London: Dalton, Longman and Todd, 1981), p. 262.

4 J. Ryan, *Irish Monasticism* (London, 1931), p. 197.

5 這些問題是夫婦接受輔導前建議完成的題目，出自伯納比基督徒團契(Burnaby Christian Fellowship)輔導小組。

6 Mike Mason, *The Mystery of Marriage* (Portland: Multnomah, 1985), pp. 142～143.

緊扣時代 服事教會

以文字傳揚基督真道

讀者意見表

衷心多謝你購買本社書籍。本社一直致力以出版事工服事教會，幫助信徒扎根於神的話語，促進靈命增長。為使我們的出版更能滿足你的需要，請填寫下列各項資料，並寄回或傳真予本社。

所購書籍：________________

本書最吸引你的地方：

□作者 □適切性 □文筆 □設計 □實用性

□其他：________________

購買本書地點：

□基道書樓 □基督教書店 □非基督教書店

性別：□男 □女 職業：________________

信仰：□基督徒 □非基督徒

年齡：□ 16 歲或以下 □ 17～25 歲 □ 26～35 歲

□ 36～55 歲 □ 56 歲或以上

學歷：□中三或以下 □中五 □預科

□大學 □研究院

□我欲更多了解基道出版社的事工及考慮支持，請寄給我下列資料：

□機構簡介 □新書資料 □「書中行」書會資料

□《基道文字事工通訊》

姓名：________________ 電話：________________

地址：________________

____

傳真：________________ 電子郵件：________________

其他意見：________________

____

多謝賜教！

意見表可以傳真（2687-0281）或直接郵寄以下地址：

香港沙田火炭坳背灣街26號富騰工業中心1011室

基道出版社編輯部收